初級テキスト

身につく
中国語

改訂新版

楊凱栄・張麗群 著

白帝社

まえがき

　外国語の学習方法は十人十色ですが，子供やよほど恵まれた特殊な環境にいる人はさておき，普通の大人が外国語をものにするにはやはり基礎からこつこつと始めなければなりません。しかし，基礎といっても第2外国語の1年間で習得可能な内容はある程度の制限を受けます。本書はそうした客観的な条件を考慮した上で編まれたものです。編集にあたっては，とりわけ以下のことに気をつけました。

1. 基礎として最低限習得すべき文法事項を盛り込みました。
2. ポイントで習った重要な文法事項をより確実なものにしていくために，項目ごとに作文練習を付しました。
3. ドリルでは聞き取りを含めた総合的な練習をすることによって，その課で習った内容の復習と定着が可能になります。
4. 学習者がよりよく習得しやすいように，文法事項の出現順序や配列の仕方にも工夫を凝らしました。
5. 初心者の無用な負担を減らし，限られている時間を有効に利用するために，新出語句と補充単語をできるだけ基本語彙に絞り，単語にはすべてピンインと日本語訳をつけました。

　これらの特徴を備えた本書ですが，最大のねらいは中国語の基本を習得させることにあります。その意味で一昨年刊行した『表現する中国語』（白帝社）とはやや趣を異にします。本書をお使いの先生方，学生の皆さんはぜひともご意見，ご感想をお寄せください。

2000 年 10 月

著　者

改訂版刊行に当たって

　本書は出版されてからもうすぐ 10 年になります。その間，多くの先生や学生に使っていただき，少なからぬ励ましのことばや貴重なご意見をいただきました。このたびは 10 年ぶりの改訂になります。改訂に当たり，皆様のそうした声を反映すべく，より使いやすいものになるように工夫しました。具体的にはこれまでの長所を生かし，ポイントの文法事項や練習問題の形式をそのまま継承しながら，例文などを一新し，さらにチェックシートを加え，内容を充実させました。またスキットをストーリーのあるものに全面的に書き直し，これによって，スキットの内容が学生にとってより面白く，より覚えやすくなったのではないかと思います。ぜひまたご意見やご感想をお聞かせください。

2009 年 10 月

著　者

改訂新版刊行に当たって・・

　『身につく中国語』［改訂版］が出版されてからすでに 11 年経ちましたが，2000 年刊行の初版から数えると，今年でちょうど 20 年を迎えます。これを機に，再改訂を行うことになりました。今回の再改訂ではこれまでよりもさらに実用的で使いやすいことを目指し，スキットの内容の一部のほかに，ポイントの順番や例文なども部分的に新しくし，さらに練習問題などにも修正を加えました。しかし，『身につく中国語』従来のシンプルでありながら，初級に必要な文法事項をしっかり学べるところは継承しました。

　本書をお使いの先生方や学生の皆さまの忌憚なきご意見やご感想をお聞かせください。今回の再改訂にあたり白帝社の佐藤多賀子様に大変お世話になりました。改めてお礼申し上げます。

2020 年 10 月

著　者

WEB 上での音声ファイルダウンロードについて

■ 『身につく中国語』 改訂新版 の音声ファイル（MP3）を無料でダウンロードすることができます。

「白帝社」で検索，または下記サイトにアクセスしてください。

http://www.hakuteisha.co.jp/news/n37105.html

■ 本文中の ▼A00，B00，C00 マークの箇所が音声ファイル（MP3）提供箇所です。ファイルは ZIP 形式で圧縮された形でダウンロードされます。

　　　吹込：呉志剛，李洵，容文育

■ 本書と音声は著作権法で保護されています。

ご注意

＊ 音声の再生には，MP3 ファイルが再生できる機器などが別途必要です。

＊ ご使用機器，音声再生ソフトに関する技術的なご質問は，ハードメーカー，ソフトメーカーにお問い合わせください。

音声ダウンロードファイルをご利用できない場合は実費にて CD 3 枚に収録したものをお送りしますので，下記までご連絡ください。

　㈱白帝社　Tel：03-3986-3271　　E-mail：info@hakuteisha.co.jp

目　次

これから学ぶ中国語

　これから学習する中国語は中国大陸だけでなく，台湾や香港，マカオ，ひいてはシンガポールや外国のチャイナタウンでも通用する“普通话”（共通語）です。直近の国連の世界人口白書によると，世界の人口は77億9千5百万人であり，英語はいざ知らず，中国語使用人口でいえば，世界の5分の1の人が中国語を使うことになります。

　中国は人口が多いだけでなく，55の少数民族を擁する多民族国家でもあります。それに加え，広東語，福建語，上海語など様々な方言が存在します。方言同士は基本的に通じないものです。そこで，コミュニケーションを図るための共通語が必要となります。清の時代にはすでに北京官話「マンダリン」と呼ばれる共通語があり，民国時代（1912-1949）もそれを踏襲して国語の制定が行われました。（台湾では今でも共通語のことを“國語”といいます）。中華人民共和国成立後，北京語の発音を標準音とし，北方方言を基礎とした“普通话”が正式に制定され，全国的に広められました。しかし，当時は“普通话”の普及率は必ずしも高くありませんでしたが，今や義務教育の普及と識字率の向上により，かなり普及してきています。今では異なる地域同士のコミュニケーションは“普通话”によって成り立っています。

　日本語も漢字を使うので，同じ漢字を使う中国語は他の外国語と比べて，親しみやすいと感じられる向きがあります。確かに漢字を頼りにして読めば中国語をすこしは理解することはできるのかもしれません。しかし，同じ漢字を使っていても，必ずしも同じ意味であるとは限りません。さらに，中国語には日本語にない多くの“简体字”が存在します。（台湾と香港では繁体字がいまでも使われています）その意味で，漢字だけに頼って理解するにはおのずと限界があります。

　言葉はコミュニケーションのツールであると言われます。コミュニケーションである以上，一方的な受容だけでは不十分であり，双方向の交流をしてはじめて真のコミュニケーションとして成り立つのではないでしょうか。そのためには自ら言葉を発して相手に理解してもらうことも大事なのです。中国語には声調やそり舌音など日本語にはない発音が多く存在します。これらの要素が中国語の美しいハーモニーを醸し出している反面，外国語としての難しさをもたらしている面もあります。似たような音でも，声調やそり舌の有無の違いにより，全く異なる意味になってしまうのです。コミュニケーションをスムーズに行うためには，初級の段階で発音をしっかりマスターしておくことが何よりです。どんなことでも「基礎が大事」であると言われます。基礎さえしっかりしていれば，中級や上級への移行も夢ではありません。ぜひこの1年間を通して，発音も含めて中国語の基本が身につくように頑張りましょう。

2020年 冬

著　者

発音編

1 声調と単母音

中国語は漢字で表記されるが，漢字の読みは"拼音"（ピンイン）と呼ばれる中国式ローマ字綴りと声調記号で示される。中国語には四つの声調があり，これを四声という。

A02 ### 1. 声調

第一声	**ā**	高く明るく平らにのばす
第二声	**á**	真ん中あたりから高いところへ引き上げる
第三声	**ǎ**	低くおさえてのばす
第四声	**à**	高いところから一気におとす
軽　声	**a**	単独では発音されず，他の声調のあとに軽く添えるようにする

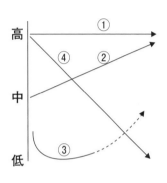

A03

mā	má	mǎ	mà
妈	麻	马	骂
（お母さん）	（麻）	（馬）	（叱る）

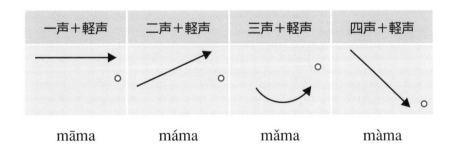

一声＋軽声	二声＋軽声	三声＋軽声	四声＋軽声
māma	máma	mǎma	màma

A04
Māma　mà　mǎ.
妈妈　骂　马。（お母さんは馬を叱る）

声調記号のつけ方，位置

声調記号は ˉ ´ ˇ ` で表され，母音の上につける。

2. 単母音 [韵母]（6 個）

a		日本語のアよりも大きく口を開ける
o		口を丸め，やや突き出す
e		舌を後ろへ引いて，「ウ」と「オ」の間ぐらいの音を出す
i (yi)		日本語の「イ」よりも，口をもっと左右に開くようにする
u (wu)		日本語の「ウ」と違い，唇をまるく突き出す
ü (yu)		「イ」よりも，唇をやや突き出すように発音する

そり舌母音 [卷舌韵母]（1 個）

er		e と a の中間ぐらいの音を出しながら，舌をそりあげる

　練習 ：発音してみよう。

ā	á	ǎ	à		ǎ	ā	à	á
ō	ó	ǒ	ò		ò	ó	ō	ǒ
ē	é	ě	è		ē	ě	é	è
yī	yí	yǐ	yì		yí	yì	yǐ	yī
wū	wú	wǔ	wù		wù	wǔ	wú	wū
yū	yú	yǔ	yù		yǔ	yū	yù	yú
ēr	ér	ěr	èr		ér	ěr	èr	ēr

母音の綴り方注意

i (yi) u (wu) ü (yu) の（　）は子音を伴なわない時の綴り方を示している。

▼A07　**1|**　発音を聞いて，ピンインに声調をつけなさい。

1）a　　　　　　2）yi　　　　　3）o　　　　　4）wu　　　　5）er

6）e　　　　　　7）yu　　　　　8）er　　　　　9）wu　　　　10）e

▼A08　**2|**　発音を聞いて，ピンインで書き取りなさい。

1）＿＿＿＿＿＿　　2）＿＿＿＿＿＿　　3）＿＿＿＿＿＿　　4）＿＿＿＿＿＿

5）＿＿＿＿＿＿　　6）＿＿＿＿＿＿　　7）＿＿＿＿＿＿　　8）＿＿＿＿＿＿

▼A09　**3|**　発音された母音に〇をつけなさい。

1）
　à　（　）
　ā　（　）
　ǎ　（　）
2）
　è　（　）
　é　（　）
　ē　（　）
3）
　wǔ（　）
　yǔ（　）
　yǐ（　）
4）
　yū　（　）
　yī　（　）
　yú　（　）
5）
　ò　（　）
　è　（　）
　wù（　）

▼A10　**4|**　発音を聞いて，声調をつけなさい。

1）yi

2）er

3）wu

4）yuyi

5）ayi

6）eyu

2 複合母音

▼A11

ai	ei	ao	ou	ia	ie	ua	uo	üe
				(ya)	(ye)	(wa)	(wo)	(yue)

iao	iou	uai	uei
(yao)	(you)	(wai)	(wei)

●発音ポイント

複合母音の三つのタイプ：いずれも複数の母音をなめらかにつないで，ひとまとまりの音として発音する。

▼A12

＞型
（前を強く）

āi	ái	ǎi	ài		ēi	éi	ěi	èi
āo	áo	ǎo	ào		ōu	óu	ǒu	òu

＊ei：日本語の「エ」のような音を出して，iを添える。

▼A13

＜型
（後ろを強く）

yā	yá	yǎ	yà		yē	yé	yě	yè
wā	wá	wǎ	wà		wō	wó	wǒ	wò
yuē	yué	yuě	yuè					

＊ie：iを軽く出したあと，日本語の「エ」のような音を続ける。
＊üe：üのあとに，日本語の「エ」のような発音を続ける。

▼A14

＜＞型
（真ん中を強く）

yāo	yáo	yǎo	yào		yōu	yóu	yǒu	yòu
wāi	wái	wǎi	wài		wēi	wéi	wěi	wèi

▼A15

実際の発音と綴り方との違い：

（1）iou の前に子音がつく場合，iu の綴りとなる：
　　iou → iu　jiù　jiǔ　liú　liù

（2）uei の前に子音がつく場合，ui の綴りとなる：
　　uei → ui　tuǐ　guǐ　huì　chuī

声調記号の位置

　声調記号をつける場所は複合母音の場合，主母音のaが最優先される。aがなければ，oかeに。i, uが並ぶ場合は，jiǔ huìのように後ろのほうに。iには，ī í ǐ ìのように上の点をとって声調記号をつける。

A16　**1|** 声調に注意しながら，発音してみよう。

1) ěi　　ēi　　èi　　éi　　　2) óu　　ǒu　　ōu　　òu

3) yè　　yé　　yē　　yě　　　4) yuē　　yuè　　yuě　　yué

5) yǒu　　yóu　　yòu　　yōu　　　6) wéi　　wēi　　wěi　　wèi

A17　**2|** 発音を聞いて，ピンインで書き取りなさい（声調記号も忘れずに）。

1) ＿＿＿＿＿＿　2) ＿＿＿＿＿＿　3) ＿＿＿＿＿＿　4) ＿＿＿＿＿＿

5) ＿＿＿＿＿＿　6) ＿＿＿＿＿＿　7) ＿＿＿＿＿＿　8) ＿＿＿＿＿＿

A18　**3|** 発音されたほうに○をつけなさい。

1) ┌ ei （ ） 　 2) ┌ ya （ ） 　 3) ┌ ou （ ） 　 4) ┌ wai （ ） 　 5) ┌ ye （ ）
　 └ ai （ ） 　 　 └ ye （ ） 　 　 └ ao （ ） 　 　 └ wei （ ） 　 　 └ yue （ ）

6) ┌ wa （ ） 　 7) ┌ yue （ ） 　 8) ┌ ei （ ） 　 9) ┌ you （ ） 　 10) ┌ ei （ ）
　 └ wai （ ） 　 　 └ wei （ ） 　 　 └ ye （ ） 　 　 └ yao （ ） 　 　 └ wei （ ）

A19　**4|** 発音を聞いて，声調をつけなさい。

1) yue（月）　　　　2) wo（我）　　　　3) yao（药）

4) yeye（爷爷）　　5) ya（牙）　　　　6) yaowei（腰围）

3 子音

唇音	b(o)	p(o)	m(o)	f(o)
舌尖音	d(e)	t(e)	n(e)	l(e)
舌根音	g(e)	k(e)	h(e)	
舌面音	j(i)	q(i)	x(i)	
そり舌音	zh(i)	ch(i)	sh(i)	r(i)
舌歯音	z(i)	c(i)	s(i)	

●発音ポイント

(1) 無気音：強い息を出さずに発音する。　有気音：強い息を伴って発音する。

無気音　bǐ（笔）　dà（大）　gǔ（古）　jí（集）　zhù（住）zì（字）

有気音　pí（皮）　tā（他）　kè（课）　qī（七）　chī（吃）cí（词）

Dùzi bǎo le.　　　　　　　　　　Tùzi pǎo le.

肚子 饱 了。（おなかがいっぱいになった）　兔子 跑 了。（兔が逃げた）

(2) そり舌音：舌をそり上げるようにして発音する。練習の時，順番は次のように。

r → sh → zh → ch

r　：舌をそりあげ，舌を硬口蓋にあてずに発音する。

sh　：舌をそりあげ，息を摩擦させて発音する。

zh　：舌をそりあげ，舌を硬口蓋にあてて出す無気音。

ch　：舌をそりあげ，舌を硬口蓋にあてて出す有気音。

練習：発音してみよう。

zhè shì zhǐ　这是纸（これは紙です）　　chūchù 出处（出所，出典）

chī shìzi　吃柿子（柿を食べる）　　zhīshi　知识（知識）

zhīchí　支持　（支持する）　　rìchū　日出（日の出）

綴り方と発音の違い

＊iは子音の組み合わせによって，実際に三つの異なった音を持つ。

(1) ji qi xi [i]　　(2) zhi chi shi [ʅ]　　(3) zi ci si [ɿ]

＊j, q, x にüが続く時はuと綴る。

jù qù xù

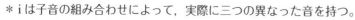

A25 **1|** 声調と子音に注意しながら，発音してみよう。

1) ① dàxué 大学 (大学)　　② qù 去 (行く)　　③ cā 擦 (拭く)

④ júzi 橘子 (みかん)　　⑤ dìtú 地図 (地図)　　⑥ kǎoshì 考试 (テスト)

2) sì shì sì　　shí shì shí　shísì shì shísì　　sìshí shì sìshí
四 是 四，十 是 十，十四 是 十四，四十 是 四十
（四は四であり，十は十であり，十四は十四であり，四十は四十である）

A26 **2|** 発音されたほうに○をつけなさい。

1)
jǐ (　)
qǐ (　)
qǔ (　)

2)
dà (　)
tà (　)
nà (　)

3)
gū (　)
kū (　)
cū (　)

4)
xì (　)
qì (　)
xù (　)

5)
chí (　)
qí (　)
zhí (　)

A27 **3|** 発音を聞いて，（ ）の中に子音を書きなさい。

1) (　)āozi　　2) (　)èwén　　3) (　)áyè　　4) (　)iàwǔ

5) (　)ējù　　6) (　)ìyóu　　7) (　)ìshǐ　　8) (　)èbié

A28 **4|** 発音を聞いて，声調をつけなさい。

1) qiche (汽车)　　2) chahu (茶壶)　　3) maotaijiu (茅台酒)

4) doufu (豆腐)　　5) zazhi (杂志)　　6) feiji (飞机)

4 鼻音を伴う母音

▼A29

an	ang	en	eng	in (yin)	ing (ying)
ian (yan)	iang (yang)	uan (wan)	uang (wang)	uen (wen)	ueng (weng)
üan (yuan)	ün (yun)	ong		iong (yong)	

●発音ポイント

(1) n と ng の発音の違い

n ：舌の先を上の歯茎につける。

ng：舌の先を上の歯茎につけない。

n と ng の違いは前の母音にも影響を与え，n の前の母音はやや狭い母音になる。

▼A30

nán	—	náng	nàn — nàng
wān	—	wāng	wǎn — wǎng
wēn	—	wēng	wèn — wèng

(2) ian と iang の違い：

ian ：a は前後の音の影響で狭い「エ」となり，全体としては「イエン」のように発音する。

iang：a は「ア」で発音し，全体としては「イアン」のように発音する。

▼A31

yān — yāng	yán — yáng	yǎn — yǎng	yàn — yàng
烟　央	盐　羊	眼　养	燕　样

綴り方に注意

＊ uen は前に子音がつく場合，un の綴りになる。

uen → un　kùn（困）

　　　　　cūn（村）

A32 **1|** 発音してみよう。

1) xīn　　　　　　xīng
心（心）　　　星（星）

2) nián　　　　　niáng
年（年）　　　娘（おかあさん）

3) rénshēn　　　　rénshēng
人参（朝鮮人参）　人生（人生）

4) mùchuán　　　　mùchuáng
木船（木造の船）　木床（木のベッド）

5) zhēn hǎo　　　　zhènghǎo
真好（ほんとにいい）正好（ちょうどいい）

6) wǎnshang　　　　wǎngshang
晚上（夜）　　　网上（オンライン(の)）

A33 **2|** 発音されたほうに○をつけなさい。

1) ⎡ kàn　　（　）
　　⎣ kàng　（　）

2) ⎡ xīn　　（　）
　　⎣ xīng　（　）

3) ⎡ sǔn　　（　）
　　⎣ sǒng　（　）

4) ⎡ kuān　（　）
　　⎣ kuāng（　）

5) ⎡ cóng　（　）
　　⎣ kóng　（　）

6) ⎡ chuán（　）
　　⎣ chuáng（　）

7) ⎡ xiàn　（　）
　　⎣ xiàng　（　）

8) ⎡ lún　　（　）
　　⎣ rén　　（　）

A34 **3|** 発音を聞いて，（　　）の中に鼻母音を入れ，声調をつけなさい。

1) k(　　　　)　2) q(　　　　)　3) w(　　　　)　4) p(　　　　)

5) l(　　　　)　6) zh(　　　　)　7) sh(　　　　)　8) h(　　　　)

A35 **4|** 発音を聞いて，声調をつけなさい。

1) gangqin（钢琴）

2) Tian'anmen（天安门）

3) mingpian（名片）

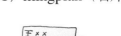

4) wenquan（温泉）

5) Changcheng（长城）

6) denglong（灯笼）

>>> 発音の規則

1 声調の変化

▼A36 ＊第3声の連続変調 （3声が続くと，前の3声が2声に発音される）

表記	発音		
3声＋3声	2声＋3声		
nǐ hǎo	ní hǎo	你好	（こんにちは）
lǐjiě	líjiě	理解	（理解する）
shǒubiǎo	shóubiǎo	手表	（腕時計）
zhǎnlǎnguǎn	zhánlánguǎn	展覧馆	（展示ホール）

▼A37 ＊半3声 （3声以外の音節の前に位置する3声は半3声で発音する。ただし，後に軽声がつづく場合は少し伸ばし気味に発音する）

我 说	我 拿	我 去	我 的
wǒ shuō	wǒ ná	wǒ qù	wǒ de
⌣ ─	⌣ ╱	⌣ ╲	⌣ ·

▼A38 ＊"不 bù"否定副詞の変調 （変調後の声調を表記する）

	1声	bù tīng	不听	（聞かない）
bù（4声）＋	2声	bù hóng	不红	（赤くない）
	3声	bù xǐ	不洗	（洗わない）
		bú huì	不会	（できない）
bú（2声）＋	4声	bú guì	不贵	（値段が高くない）
		bú xìn	不信	（信じない）

14

A39 ＊ “一 yī” の変調

後に１声，２声，３声がつづくときは４声になる。

		１声	yì bēi	一杯 （一杯）
yì （４声）	＋	２声	yì pán	一盘 （一皿）
		３声	yì wǎn	一碗 （一膳）

後に４声がつづくときは２声になる。

			yí kè	一课 （一課）
yí （２声）	＋	４声	yí cì	一次 （一回）
			yí dài	一袋 （一袋）

数字のつぶ読みや序数，末尾のときは１声のまま。

		sìshiyī	四十一 （四十一）
yī （１声）		dì yī cì	第一次 （一回目）
		yī hào	一号 （ついたち）

A40 ＊ r 化の発音

（1）r の添加

niǎo → niǎor   huā → huār
鸟   鸟儿   花   花儿

（2）n, i の脱落

yǒujìn → yǒujìnr   xiǎohái → xiǎoháir
有劲   有劲儿   小孩   小孩儿

（3）ng の脱落，鼻音化

yǒu kòng → yǒu kòngr   míng → míngr
有空   有空儿   明   明儿

（4）［ʅ］と［ɿ］は［ə］になる

shì → shìr   guāzǐ → guāzǐr
事   事儿   瓜子   瓜子儿

2 隔音記号

a o e で始まる音節が続く場合，その前に隔音符号〔'〕をつけて前の音節との切れ目を表す。

棉袄 mián'ǎo　　平安 píng'ān

3 中国語の音節構造

声母	韻母			声調	漢字と音節
	介音	主母音	韻尾		
		a		ˉ	啊 ā
p		a		ˋ	怕 pà
x	i	e		ˇ	写 xiě
b		a	o	ˇ	饱 bǎo
k	u	a	n	ˉ	宽 kuān

4 声調の組み合わせのパターン

	一声	二声	三声	四声	軽声
一声	Jīngdū 京都	Chōngshéng 冲绳	Shānkǒu 山口	Xīnxì 新潟	chī ma 吃 吗（食べる？）
二声	Shíchuān 石川	Chángqí 长崎	Xióngběn 熊本	Shénhù 神户	lái le 来 了（来た）
三声	Jiǔzhōu 九州	Pǔhé 浦和	Guǎngdǎo 广岛	Shuǐhù 水户	wǒ de 我 的（私の）
四声	Fùshān 富山	Sìguó 四国	Dàbǎn 大阪	Fùshì 富士	kàn ba 看 吧（見よう）

「あいさつ言葉」

你们好。	Nǐmen hǎo.	皆さんこんにちは。
老师好。	Lǎoshī hǎo.	先生こんにちは。
请问。	Qǐngwèn.	お尋ねします。
谢谢。	Xièxie.	ありがとうございます。
不谢。	Bú xiè.	どういたしまして。
不客气。	Bú kèqi.	どういたしまして。
对不起。	Duìbuqǐ.	すみません。
打搅了。	Dǎjiǎo le.	お邪魔しました。
没关系。	Méi guānxi.	どういたしまして。
再见。	Zàijiàn.	さようなら。

「教室用語」

请把书打开。	Qǐng bǎ shū dǎkāi.	本を開いてください。
请跟我读一下。	Qǐng gēn wǒ dú yíxià.	私の後について読んでください。
请回答。	Qǐng huídá.	答えてください。
请大点儿声说。	Qǐng dà diǎnr shēng shuō.	もう少し大きい声で言ってください。
请再说一遍。	Qǐng zài shuō yí biàn.	もう一度言ってください。
请慢点儿说。	Qǐng màn diǎnr shuō.	ゆっくり話して下さい。
请翻译一下。	Qǐng fānyì yíxià.	訳してください。

品詞名表示法

名	名词	名詞	前	介词	前置詞
動	动词	動詞	感	叹词	感動詞
形	形容词	形容詞	接	连词	接続詞
代	代词	代詞	数	数词	数詞
助	助词	助詞	量	量词	助数詞
助動	能愿动词	助動詞	数量	数量词	数量詞
副	副词	副詞	接辞	词缀	接辞

2（介音i）					3（介音u）									4（介音ü）			
ian	in	iang	ing	iong	u	ua	uo	uai	uei -ui	uan	uen -un	uang	ueng	ü	üe	üan	ün
bian	bin		bing		bu												
pian	pin		ping		pu												
mian	min		ming		mu												
					fu												
dian			ding		du		duo		dui	duan	dun						
tian			ting		tu		tuo		tui	tuan	tun						
nian	nin	niang	ning		nu		nuo			nuan				nü	nüe		
lian	lin	liang	ling		lu		luo			luan	lun			lü	lüe		
					gu	gua	guo	guai	gui	guan	gun	guang					
					ku	kua	kuo	kuai	kui	kuan	kun	kuang					
					hu	hua	huo	huai	hui	huan	hun	huang					
jian	jin	jiang	jing	jiong										ju	jue	juan	jun
qian	qin	qiang	qing	qiong										qu	que	quan	qun
xian	xin	xiang	xing	xiong										xu	xue	xuan	xun
					zhu	zhua	zhuo	zhuai	zhui	zhuan	zhun	zhuang					
					chu	chua	chuo	chuai	chui	chuan	chun	chuang					
					shu	shua	shuo	shuai	shui	shuan	shun	shuang					
					ru	rua	ruo		rui	ruan	run						
					zu		zuo		zui	zuan	zun						
					cu		cuo		cui	cuan	cun						
					su		suo		sui	suan	sun						
yan	yin	yang	ying	yong	wu	wa	wo	wai	wei	wan	wen	wang	weng	yu	yue	yuan	yun

小王 Xiǎo-Wáng：
大学生，李さんのボーイフレンド

高桥 Gāoqiáo：
北京の大学に留学中の女子大生

小李 Xiǎo-Lǐ：
大学生，高橋さんの友人

田中 Tiánzhōng：
高橋さんの友人，北京に留学中

第 1 课　这 是 什 么？

Dì　yī　kè　　Zhè　shì　shénme?

（初めてお店で朝食をとる高橋さん）

高桥：　这　是　什么？
Gāoqiáo :　Zhè　shì　shénme?

店员：　这　是　烧饼。
diànyuán :　Zhè　shì　shāobing.

高桥：　那　是　什么？
　　　　Nà　shì　shénme?

店员：　那　是　包子。
　　　　Nà　shì　bāozi.

高桥：　那　是　什么　馅儿　的　包子？
　　　　Nà　shì　shénme　xiànr　de　bāozi?

店员：　猪肉　馅儿　的。
　　　　Zhūròu　xiànr　de.

A48

新出語句

这 zhè 代 これ

是 shì 動 ～です

什么 shénme 代 何

烧饼 shāobing 名 （円形のナン）シャオビン

那 nà 代 それ

包子 bāozi 名 具の入った蒸し饅頭

馅儿 xiànr 名 （食品や菓子などの）具，中身

的 de 助 の

猪肉 zhūròu 名 豚肉

補充語句

哪 nǎ 代 どれ	笔 bǐ 名 ペン：筆記用具
红茶 hóngchá 名 紅茶	中国 Zhōngguó 名 中国
绿茶 lǜchá 名 緑茶	杂志 zázhì 名 雑誌
不 bù 副 〜ない，いいえ，否定を表す	日本 Rìběn 名 日本
铅笔 qiānbǐ 名 えんぴつ	漫画 mànhuà 名 漫画
圆珠笔 yuánzhūbǐ 名 ボールペン	新 xīn 形 新しい
乌龙茶 wūlóngchá 名 ウーロン茶	拉面 lāmiàn 名 ラーメン
中日词典 Zhōng-Rì cídiǎn 名 中日辞典	手机 shǒujī 名 携帯電話，スマホ
日中词典 Rì-Zhōng cídiǎn 名 日中辞典	帽子 màozi 名 帽子
茶 chá 名 お茶	地图 dìtú 名 地図
词典 cídiǎn 名 辞書	老师 lǎoshī 名 先生

ポイント

▼A50 **1** 指示詞 "这，那，哪"

近称	遠称	不定称（疑問詞）
这 zhè	那 nà	哪 nǎ
これ	それ	あれ	どれ

▼A51 **2** "是"（〜です）(否定は"不"を用いる)

这是红茶。	Zhè shì hóngchá.
那是绿茶。	Nà shì lǜchá.
这不是铅笔，是圆珠笔。	Zhè bú shì qiānbǐ, shì yuánzhūbǐ.

練習 1）これはウーロン茶です。

2）それは中日辞典です。

3）これは日中辞典ではなく，中日辞典です。

3 疑問詞疑問文

> 这是什么? Zhè shì shénme?
> 这是什么茶? Zhè shì shénme chá?
> 那是什么词典? Nà shì shénme cídiǎn?

練習 1）それは何ですか。

2）これは何のペンですか。

3）それは何の辞書ですか。

4 連体修飾の "的"（名詞・形容詞＋"的"）（動詞の連体修飾☞ p.70）

> 这是中国的杂志。 Zhè shì Zhōngguó de zázhì.
> 那是日本的漫画。 Nà shì Rìběn de mànhuà.
> 这是新的词典。 Zhè shì xīn de cídiǎn.

練習 1）これは日本のラーメンです。

2）それは王先生の携帯電話です。

3）これは新しいボールペンです。

"这"，"那" と日本語の「こ・そ・あ」

① 日本語では話し手に近くても，相手の領域に属するものと判断した場合は「そ」を使うのが普通であるが，中国語では基本的に話し手と聞き手との距離上の遠近の対立で，"这""那" の使い分けをしていて，話し手に近ければ，"这" を用いる。

② "这"，"那" はそのままの形で目的語になることはできない。

×我吃这。Wǒ chī zhè.

目的語の時は "这个" zhège /zhèige，"那个" nàge /nèige を用いる。

○我吃这个。Wǒ chī zhèige.（私はこれを食べる）

▼A54 **1」** 次の絵を見て，質問に答えなさい。

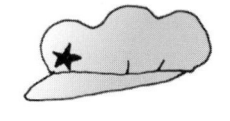

这是什么?

这是什么笔?

1) ....

2) ....

乌龙茶

标准
中日辞典

白帝社

这是什么茶?

这是什么词典?

3) ....

4) ....

▼A55 **2」** 発音を聞いて，ピンインで書き取りなさい。

1) ....

2) ....

3) ....

4) ....

3」 日本語の意味に合うように正しい語順に並べ替え，漢字（簡体字）に書き改めなさい。

1) de Rìběn shì dìtú zhè   （これは日本の地図です）

→ ....

2) shì shénme nà   （それは何ですか）

→ ....

3) Wáng zhè de lǎoshī màozi shì   （これは王先生の帽子です）

→ ....

第 **2** 课　你 吃 吗?
Dì èr kè　Nǐ chī ma?

（友達の李さんが飲み物を高橋さんに渡す）

A56
57 李:　这 是 你 的 牛奶。
Lǐ:　Zhè shì nǐ de niúnǎi.

高桥:　谢谢。（李さんが持っている飲み物を指しながら）
Xièxie.

这 也 是 牛奶 吗?
Zhè yě shì niúnǎi ma?

李:　不, 这 是 豆浆。
Bù, zhè shì dòujiāng.

高桥:　这 是 什么?
Zhè shì shénme?

李:　这 是 油条, 你 吃 吗?
Zhè shì yóutiáo, nǐ chī ma?

高桥:　不 吃, 我 吃 肉包子。
Bù chī, wǒ chī ròubāozi.

A58 **新出語句**

你 nǐ 代 あなた
吃 chī 動 食べる
吗 ma 助 〜か：疑問を表す
牛奶 niúnǎi 名 牛乳
谢谢 xièxie 動 感謝する；ありがとう

也 yě 副 〜も：類同を表す
豆浆 dòujiāng 名 豆乳
油条 yóutiáo 名 揚げパン
我 wǒ 代 私
肉包子 ròubāozi 名 肉まん

25

補充語句

我们 wǒmen 代 私たち | 看 kàn 動 見る，読む
您 nín 代 "你" の敬称 | 电视 diànshì 名 テレビ
你们 nǐmen 代 あなたたち | 电影 diànyǐng 名 映画
她 tā 代 彼女 | 喝 hē 動 飲む
它 tā 代 事物を指す，それ，あれ | 咖啡 kāfēi 名 コーヒー
他 tā 代 彼 | 买 mǎi 動 買う
他（她，它）们 tāmen 代 彼ら，彼女ら，それら | 喜欢 xǐhuan 動 好きだ，好む
谁 shéi 代 誰 | 书 shū 名 本
来 lái 動 来る | 苹果 píngguǒ 名 リンゴ
去 qù 動 行く | 学校 xuéxiào 名 学校
学 xué 動 学ぶ | 听 tīng 動 聞く
汉语 Hànyǔ 名 中国語 | 音乐 yīnyuè 名 音楽
饺子 jiǎozi 名 ギョーザ |

ポイント

1 人称代名詞

一人称	我 wǒ	我们 wǒmen
二人称	你 nǐ ／ 您 nín	你们 nǐmen
三人称	他（她，它）tā	他（她，它）们 tāmen
不定称（疑問詞）	谁 shéi	

2 動詞述語文

S＋V

她来。 | Tā lái.
我们去。 | Wǒmen qù.

S＋V＋O

我们学汉语。 | Wǒmen xué Hànyǔ.
谁吃饺子? | Shéi chī jiǎozi?
她不看电视。 | Tā bú kàn diànshì.

26

練習　1）彼は行かない。

　　　　　2）彼女たちは映画を見る。

　　　　　3）私はコーヒーを飲む。

3　"吗" 疑問文

你买吗?	Nǐ mǎi ma?
她喜欢喝咖啡吗?	Tā xǐhuan hē kāfēi ma?
这是你的帽子吗?	Zhè shì nǐ de màozi ma?

　　　　練習　1）あなたは牛乳を飲みますか。

　　　　　　　2）これはあなたのボールペンですか。

　　　　　　　3）あなたは本を読むのが好きですか。

4　副詞 "也"　("不" と一緒に用いるときは "也不" の順番になる)

我也喝茶。	Wǒ yě hē chá.
他也不看电视。	Tā yě bú kàn diànshì.
这也是你的吗?	Zhè yě shì nǐ de ma?

　　　　練習　1）彼女もリンゴを買う。

　　　　　　　2）彼も学校に来ない。

　　　　　　　3）私もテレビを見るのが好きではない。

人称代名詞

　人称代名詞の二人称には "你" と "您" とがあり，"您" は目上の人もしくは尊敬すべき相手に用いられる。三人称の "tā" は男性，女性，さらには「もの」を指す場合にも用いられるが，書くときはそれぞれ異なる漢字で表記する。

1 次の絵を見て，中国語で言ってみよう。

1）她 _____

2）他 _____

3）我 _____

4）我 _____

▼A64 **2** 発音を聞いて，ピンインで書き取りなさい。

1） ....

2） ....

3） ....

4） ....

3 日本語の意味に合うように正しい語順に並べ替え，漢字（簡体字）に書き改めなさい。

1）Hànyǔ wǒ xué yě　　　　　　（私も中国語を学ぶ）

　→ ....

2）bù jiǎozi tā chī　　　　　　　（彼女はギョーザを食べない）

　→ ....

3）hē ma yě kāfēi nǐ　　　　　　（あなたもコーヒーを飲みますか）

　→ ....

第3课　包子好吃吗?
Dì sān kè　Bāozi hǎochī ma?

李:　包子 好吃 吗?
　　Bāozi hǎochī ma?

高桥:　很 好吃。油条 呢?
　　　Hěn hǎochī. Yóutiáo ne?

李:　也 很 好吃。你 最 喜欢 吃 什么 早点?
　　Yě hěn hǎochī. Nǐ zuì xǐhuan chī shénme zǎodiǎn?

高桥:　我 最 喜欢 吃 肉包子。你 呢?
　　　Wǒ zuì xǐhuan chī ròubāozi. Nǐ ne?

李:　我 最 喜欢 吃 烧饼 和 油条。
　　Wǒ zuì xǐhuan chī shāobing hé yóutiáo.

高桥:　油条 贵 不 贵?
　　　Yóutiáo guì bu guì?

李:　不 贵,很 便宜。
　　Bú guì, hěn piányi.

高桥:　中国 的 早点 真 丰富 啊。
　　　Zhōngguó de zǎodiǎn zhēn fēngfù a.

新出語句

好吃 hǎochī 形 おいしい
很 hěn 副 とても
呢 ne 助 ～は?
最 zuì 副 もっとも,一番
早点 zǎodiǎn 名 朝ごはん
和 hé 接 と

贵 guì 形 値段が高い
便宜 piányi 形 やすい
真 zhēn 副 本当に
丰富 fēngfù 形 豊かである
啊 a 助 感嘆を表す。

補充語句

小 xiǎo 接頭 ～さん	骑 qí 動（自転車など）乗る
聪明 cōngming 形 賢い	自行车 zìxíngchē 名 自転車
累 lèi 形 疲れる	行李 xíngli 名 荷物
法语 Fǎyǔ 名 フランス語	面包 miànbāo 名 パン
难 nán 形 難しい	甜 tián 形 甘い
英语 Yīngyǔ 名 英語	好喝 hǎohē 形 おいしい
车站 chēzhàn 名 駅	熊猫 xióngmāo 名 パンダ
远 yuǎn 形 遠い	可爱 kě'ài 形 かわいい
忙 máng 形 忙しい	飞机 fēijī 名 飛行機
有意思 yǒu yìsi 面白い	快 kuài 形 速い
医生 yīshēng 名 医者	好 hǎo 形 よい，よろしい
发音 fāyīn 名 発音	

ポイント

▼A69 **1** 形容詞述語文

小王很聪明。　　　　Xiǎo-Wáng hěn cōngming.
我不累。　　　　　　Wǒ bú lèi.
法语难，英语不难。　Fǎyǔ nán, Yīngyǔ bù nán.

練習　1）ギョーザは美味しいですか。
　　　2）駅は遠いですか。
　　　3）私は忙しくない。

▼A70 **2** 語気助詞"呢"（～は？）「名詞＋"呢"」

我是老师，你呢？　　　Wǒ shì lǎoshī, nǐ ne?
我喝咖啡，你呢？　　　Wǒ hē kāfēi, nǐ ne?
汉语很有意思，英语呢？ Hànyǔ hěn yǒu yìsi, Yīngyǔ ne?

練習　1）私はお茶を飲みますが，あなたは？
　　　2）王さんは医者ですが，李さんは？
　　　3）中国語の発音はとても難しいですが，英語は？

30

3 反復疑問文「肯定＋否定」

你骑不骑自行车?	Nǐ qí bu qí zìxíngchē?
这是不是你的行李?	Zhè shì bu shì nǐ de xíngli?
面包好吃不好吃?	Miànbāo hǎochī bu hǎochī?

練習　1）これはあなたの自転車ですか。

2）リンゴは甘いですか。

3）学校は遠いですか。

4）あなたはテレビを見ますか。

4 程度副詞"最"

什么最好吃?	Shénme zuì hǎochī?
红茶最好喝。	Hóngchá zuì hǎohē.
熊猫最可爱。	Xióngmāo zuì kě'ài.

練習　1）中国語は一番面白い。

2）肉まんが一番おいしい。

3）飛行機は一番速い。

"很"と形容詞

　形容詞を述語に用いて文を言い切るときは"很"などの副詞が必要である。"很"のない文は比較の意味を表す。ただし，否定文や疑問文には"很"を必要としない。

他很高兴。	Tā hěn gāoxìng.（彼はとても喜んでいる）
他高兴。	Tā gāoxìng.←この文は単独では成立しない
你高兴吗?	Nǐ gāoxìng ma?（君はうれしいですか）
他高兴，我不高兴。	Tā gāoxìng, wǒ bù gāoxìng.（彼は喜んでいるが，私はうれしくない）

▼A73 **1)** 次の絵を見て，質問に答えなさい。

熊猫可爱不可爱?

1) ....

小王很累，小李呢?

2) ....

漫画有意思吗?

3) ....

什么最好吃?

4) ....

▼A74 **2)** 発音を聞いて，ピンインで書き取りなさい。

1) .... 2) ....

3) .... 4) ....

3) 日本語の意味に合うように正しい語順に並べ替え，漢字（簡体字）に書き改めなさい。

1) shéi hǎo fāyīn zuì de （誰の発音が一番いいですか）

→ ....

2) hěn Xiǎo-Lǐ ne máng nǐ （李さんはとても忙しい，あなたは？）

→ ....

3) de hǎohē hěn Rìběn lùchá （日本の緑茶はとてもおいしい）

→ ....

第4课　后天几号？

（宿舎の前にて）

A75
76

高桥：　后天 是 田中 的 生日。
　　　　Hòutiān shì Tiánzhōng de shēngrì.

李：　　真 的？ 后天 几 号？
　　　　Zhēn de? Hòutiān jǐ hào?

高桥：　十五 号, 星期 六。
　　　　Shíwǔ hào, xīngqī liù.

李：　　田中 今年 二十 岁 吗？
　　　　Tiánzhōng jīnnián èrshí suì ma?

高桥：　不, 她 今年 十九 岁。
　　　　Bù, tā jīnnián shíjiǔ suì.

李：　　后天 咱们 和 田中 一起 吃 饭, 好 不 好？
　　　　Hòutiān zánmen hé Tiánzhōng yìqǐ chī fàn, hǎo bu hǎo?

高桥：　好 啊。后天 几 点？
　　　　Hǎo a. Hòutiān jǐ diǎn?

李：　　晚上 七 点。
　　　　Wǎnshang qī diǎn.

A77　**新出語句**

后天 hòutiān 名 明後日	岁 suì 量 ～歳
几 jǐ 数 いくつ	咱们 zánmen 代 （相手を含む）私たち
号 hào 量 ～日	一起 yìqǐ 副 一緒に
生日 shēngrì 名 誕生日	饭 fàn 名 ご飯
真的 zhēn de 本当に, 本当だ	点 diǎn 量 ～時
星期 xīngqī 名 曜日	晚上 wǎnshang 名 晩, 夜
今年 jīnnián 名 今年	

補充語句

百 bǎi 数 百	明年 míngnián 名 来年
千 qiān 数 千	后年 hòunián 名 再来年
万 wàn 数 万	年 nián 名 年
亿 yì 数 億	月 yuè 名 月
零 líng 数 ゼロ	日 rì 名 日
前天 qiántiān 名 おととい	两 liǎng 数 二
昨天 zuótiān 名 昨日	刻 kè 量 1時間の4分の1，15分
今天 jīntiān 名 今日	半 bàn 数 半分
明天 míngtiān 名 明日	差 chà 動 足りない
前年 qiánnián 名 おととし	分 fēn 量 分
去年 qùnián 名 去年	现在 xiànzài 名 いま

ポイント

1 数詞

一 yī	二 èr	三 sān	四 sì	五 wǔ	六 liù	七 qī	八 bā	九 jiǔ	十 shí

十一 shíyī	十二 shí'èr	十三 shísān	二十 èrshí	二十一 èrshiyī	三十 sānshí

一百 yìbǎi	一千 yìqiān	一万 yíwàn	一亿 yíyì	一千二 yìqiān èr	一千零二十 yìqiān líng èrshí	一千零二 yìqiān líng èr

練習 発音してみよう。 　1）52　　　　2）7090　　　3）9007
　　　　　　　　　　　　4）316　　　5）4800　　　6）15306

2 日にち・曜日・時刻

前天 qiántiān	昨天 zuótiān	今天 jīntiān	明天 míngtiān	后天 hòutiān
前年 qiánnián	去年 qùnián	今年 jīnnián	明年 míngnián	后年 hòunián

一九九八年 yījiǔjiǔbā nián	二〇二〇年 èrlíng'èrlíng nián	五月四号（日） wǔ yuè sì hào(rì)	几月几号? jǐ yuè jǐ hào?	星期几? xīngqī jǐ?

星期一 xīngqī yī	星期二 xīngqī èr	星期三 xīngqī sān	星期四 xīngqī sì	星期五 xīngqī wǔ	星期六 xīngqī liù	星期天（日） xīngqītiān(rì)

一点 yì diǎn	两点 liǎng diǎn	四点一刻 sì diǎn yí kè	九点半 jiǔ diǎn bàn

34

六点三刻	差七分八点	十点零三分	几点
liù diǎn sān kè	chà qī fēn bā diǎn	shí diǎn líng sān fēn	jǐ diǎn

＊「二時」の場合は"二点"ではなく，"两点 liǎng diǎn"と言う。

二桁以上の数字の末位と"十"の前では必ず"二"を用いる。

▼A81 **3** 名詞述語文 （曜日、日にち、年齢など）

今天星期四。	Jīntiān xīngqī sì.
昨天二十一号。	Zuótiān èrshiyī hào.
她十八岁。	Tā shíbā suì.

練習　1）明後日は火曜日だ。

2）彼は 18 歳だ。

3）明日は 31 日だ。

▼A82 **■** 名詞述語文の否定 （"不是"）

去年不是二〇一九年。	Qùnián bú shì èrlíngyījiǔ nián.
她不是二十五岁。	Tā bú shì èrshiwǔ suì.

練習　1）明日は金曜日ではない。

2）今日は十月一日ではない。

3）私は 19 歳ではない。

▼A83 **中国の祝祭日**

元旦　　Yuándàn （一月一日）　　　　　　妇女节 Fùnǚjié （三月八日）

劳动节 Láodòngjié （五月一日）　　　　　青年节 Qīngniánjié （五月四日）

儿童节 Értóngjié （六月一日）　　　　　　建军节 Jiànjūnjié （八月一日）

教师节 Jiàoshījié （九月十日）　　　　　　国庆节 Guóqìngjié （十月一日）

春节　　Chūnjié （旧暦一月一日，一年の中でもっとも賑やかな祝祭日である）

元宵节 Yuánxiāojié （旧暦一月十五日，"元宵"yuánxiāo あん入り団子を食べる）

清明节 Qīngmíngjié （四月四～六日，墓参りをする）

端午节 Duānwǔjié （旧暦五月五日，"粽子"zòngzi ちまきを食べる）

中秋节 Zhōngqiūjié （旧暦八月十五日，"月饼"yuèbing 月餅を食べる）

第5课　你家在哪儿?

Dì wǔ kè　Nǐ jiā zài nǎr?

（高橋さんの部屋にて）

A86
87

高桥: 你 家 在 北京 吗?
Nǐ jiā zài Běijīng ma?

李: 我 家 不 在 北京。
Wǒ jiā bú zài Běijīng.

高桥: 你 家 在 哪儿?
Nǐ jiā zài nǎr?

李: 在 上海。小王 家 在 北京。
Zài Shànghǎi. Xiǎo-Wáng jiā zài Běijīng.

高桥: 小王 家 离 这儿 远 吗?
Xiǎo-Wáng jiā lí zhèr yuǎn ma?

李: 很 远。他 家 在 前门 附近。
Hěn yuǎn. Tā jiā zài Qiánmén fùjìn.

高桥: 前门 离 王府井 远 不 远?
Qiánmén lí Wángfǔjǐng yuǎn bu yuǎn?

李: 不 远，很 近。
Bù yuǎn, hěn jìn.

A88

新出語句

家 jiā 名 家
在 zài 動 ある，いる
哪儿 nǎr 代 どこ
北京 Běijīng 名 北京
上海 Shànghǎi 名 上海
离 lí 前 〜から

这儿 zhèr 代 ここ
前门 Qiánmén 名 前門（北京繁華街）
附近 fùjìn 名 付近
王府井 Wángfǔjǐng 名 ワンフージン（北京繁華街）
近 jìn 形 近い

37

　補充語句

公司 gōngsī 名 会社	厕所 cèsuǒ 名 トイレ
大 dà 形 大きい	邮局 yóujú 名 郵便局
大学 dàxué 名 大学	银行 yínháng 名 銀行
图书馆 túshūguǎn 名 図書館	宿舍 sùshè 名 宿舍
那儿 nàr 代 そこ，あそこ	超市 chāoshì 名 スーパーマーケット
食堂 shítáng 名 食堂	

ポイント

▼A90　**1**　"的" の省略（所属関係）　（親族関係☞ p.42）

你家远吗?　　　　　　　　Nǐ jiā yuǎn ma?

她们公司很大。　　　　　Tāmen gōngsī hěn dà.

我们学校不大。　　　　　Wǒmen xuéxiào bú dà.

練習　1）あなたたちの大学の図書館は大きいですか。

　　　2）あなたの家は近いですか。

　　　3）あなたたちの学校は遠いですか。

▼A91　**2**　場所を表す指示詞 "这儿，那儿，哪儿"

近称	遠称	不定称（疑問詞）
这儿 zhèr	那儿 nàr	哪儿 nǎr
这里 zhèli	那里 nàli	哪里 nǎli
ここ	そこ　　　　あそこ	どこ

練習　1）ここは図書館です。

　　　2）あそこは食堂です。

　　　3）あなたはどこへ行きますか。

A92 **3** 所在を表す"在"「もの・人＋"在"＋場所」

王老师在家吗？　　　　　Wáng lǎoshī zài jiā ma?

高桥在中国。　　　　　　Gāoqiáo zài Zhōngguó.

厕所在哪儿？　　　　　　Cèsuǒ zài nǎr?

小李不在图书馆。　　　　Xiǎo-Lǐ bú zài túshūguǎn.

　　　練習　1）郵便局はどこにありますか。

　　　　　　2）彼女はここにいない。

　　　　　　3）彼はどこにいますか。

　　　　　　　　──彼はアメリカにいます。

A93 **4** 距離（や時間）の隔たりを表す前置詞"离"

日本离中国很近。　　　　Rìběn lí Zhōngguó hěn jìn.

我们学校离车站不远。　　Wǒmen xuéxiào lí chēzhàn bù yuǎn.

银行离这儿很近。　　　　Yínháng lí zhèr hěn jìn.

　　　練習　1）宿舎は食堂からとても近い。

　　　　　　2）大学は私の家から遠くない。

　　　　　　3）スーパーマーケットはここから遠いですか。

日中漢字の比較

中国では1955年に漢字簡略の草案が発表され，漢字の簡略化が進められた。

現在正式に使われている簡体字は2千字あまりである。

① 繁体字と簡体字

| 嗎 → 吗 ma | 喫 → 吃 chī | 買 → 买 mǎi | 電 → 电 diàn |
| 樂 → 乐 lè | 書 → 书 shū | 詞 → 词 cí | 關 → 关 guān |

② 日本語の漢字と微妙に違う簡体字

| 步 → 步 bù | 团 → 团 tuán | 骨 → 骨 gǔ | 強 → 强 qiáng |
| 查 → 查 chá | 収 → 收 shōu | 黒 → 黑 hēi | 舎 → 舍 shè |

▼A94 __1|__ 次の絵を見て，質問に答えなさい。

小李在公司吗?

1) ....

他们学校在哪儿?

2) ....

小王在哪儿?

3) ....

邮局离银行远吗?

4) ....

▼A95 __2|__ 発音を聞いて，ピンインで書き取りなさい。

1) ....

2) ....

3) ....

4) ....

__3|__ 次のピンインを漢字に直し，さらに答えなさい。

1）Nǐ jiā zài nǎr?

漢字: ....

答え: ....

2）Nǐ jiā lí xuéxiào yuǎn ma?

漢字: ....

答え: ....

3）Nǐmen xuéxiào zài nǎr?

漢字: ....

答え: ....

第 **6** 课　你 家 有 几 口 人?

Dì liù kè　Nǐ jiā yǒu jǐ kǒu rén?

（高橋さんの部屋にて）

B01
02

李:　你 家 有 几 口 人?
　　Nǐ jiā yǒu jǐ kǒu rén?

高桥:　我 家 有 四 口 人。爸爸、妈妈、弟弟 和 我。
　　　Wǒ jiā yǒu sì kǒu rén.　Bàba、 māma、 dìdi hé wǒ.

李:　你 爸爸、妈妈 都 工作 吗?
　　Nǐ Bàba、 māma dōu gōngzuò ma?

高桥:　都 工作。爸爸 是 公司 职员，妈妈 是 小学 老师。
　　　Dōu gōngzuò.　Bàba shì gōngsī zhíyuán, māma shì xiǎoxué lǎoshī.

李:　他们 工作 忙 不 忙?
　　Tāmen gōngzuò máng bu máng?

高桥:　很 忙。
　　　Hěn máng.

（壁に貼ってある写真を見ながら）

李:　这 张 照片 真 不错。
　　Zhèi zhāng zhàopiàn zhēn búcuò.

高桥:　这 是 我 家 的 全家福。
　　　Zhè shì wǒ jiā de quánjiāfú.

B03　**新出語句**

有 yǒu 動 ある，いる，持つ	工作 gōngzuò 動 仕事をする，働く
口 kǒu 量 家族構成を数える	职员 zhíyuán 名 職員，会社員
人 rén 名 人	小学 xiǎoxué 名 小学校
爸爸 bàba 名 お父さん	张 zhāng 量 ～枚
妈妈 māma 名 お母さん	照片 zhàopiàn 名 写真
弟弟 dìdi 名 弟	不错 búcuò 形 悪くない，よい
都 dōu 副 みな，すべて	全家福 quánjiāfú 名 家族全員で撮った写真

補充語句

电脑 diànnǎo 名 パソコン	奶奶 nǎinai 名 [父方の] おばあさん	冷 lěng 形 寒い
没有 méiyǒu 動 ない，持っていない	身体 shēntǐ 名 体	本 běn 量 〜冊
孩子 háizi 名 子供	夏天 xiàtiān 名 夏	个 ge 量 個
医院 yīyuàn 名 病院	热 rè 形 暑い	票 piào 名 切符，チケット
姐姐 jiějie 名 姉	学习 xuéxí 動 勉強する	枝 zhī 量 〜本
朋友 péngyou 名 友達	冬天 dōngtiān 名 冬	书包 shūbāo 名 カバン
		公园 gōngyuán 名 公園

ポイント

▼ B05 **1** 所有・存在を表す"有"（否定は"没有"）

「主語（人）＋"有"＋目的語」

你有电脑吗？	Nǐ yǒu diànnǎo ma?
李老师没有孩子。	Lǐ lǎoshī méiyǒu háizi.

「場所＋"有"＋もの・人」

这儿有人吗？	Zhèr yǒu rén ma?
我家附近没有医院。	Wǒ jiā fùjìn méiyǒu yīyuàn.

練習 　1）（あなたは）鉛筆を持っていますか。

　　　 2）（あなたは）携帯電話を持っていますか。

　　　 3）私たちの会社には食堂がない。

▼ B06 **2** "的"の省略（親族関係）　（所属関係☞ p.38）

我妈妈喜欢看电视。	Wǒ māma xǐhuan kàn diànshì.
他姐姐是老师。	Tā jiějie shì lǎoshī.
我朋友也学汉语。	Wǒ péngyou yě xué Hànyǔ.

▼ B07 **3** 主述述語文　（「主語＋述語（主語＋述語）」，日本語では「〜は〜が〜」に相当する）

奶奶身体很好。	Nǎinai shēntǐ hěn hǎo.
北京夏天很热。	Běijīng xiàtiān hěn rè.
他学习不忙。	Tā xuéxí bù máng.

練習 　1）父は仕事がとても忙しい。

　　　 2）日本は冬が寒いですか。

　　　 3）あなたは勉強が忙しいですか。

4 「数詞＋量詞＋名詞」

① 「数詞＋量詞＋名詞」

两本书	liǎng běn shū	三张票	sān zhāng piào
四个朋友	sì ge péngyou	五枝圆珠笔	wǔ zhī yuánzhūbǐ

② 「"这／那"＋数詞＋量詞＋名詞」

这(一)个书包	zhè (yí) ge shūbāo	这四枝圆珠笔	zhè sì zhī yuánzhūbǐ
那(一)张票	nà (yì) zhāng piào	那两张票	nà liǎng zhāng piào

＊"这""那" は後ろに数量詞が続く時は，"zhèi""nèi" と発音されることが多い。

練習　1）私の家の近くには公園が二か所ある。

2）私は切符を5枚持っている。

3）このボールペンは彼女のです。

4）この本はとてもおもしろい。

5 親族の呼び方

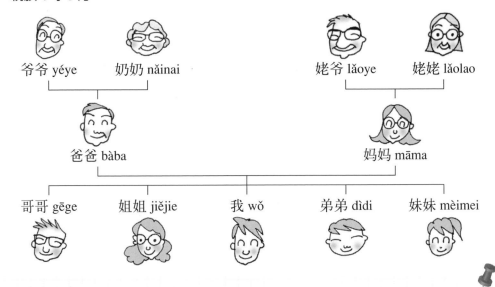

爷爷 yéye　奶奶 nǎinai　姥爷 lǎoye　姥姥 lǎolao

爸爸 bàba　妈妈 māma

哥哥 gēge　姐姐 jiějie　我 wǒ　弟弟 dìdi　妹妹 mèimei

常用量詞 10 個　量詞(助数詞)は事物の単位を表すだけではなく，事物を分類する働きもある。

个 ge	人 rén（ひと）　苹果 píngguǒ（りんご）	张 zhāng	纸 zhǐ（かみ）　桌子 zhuōzi（つくえ）
把 bǎ	椅子 yǐzi（いす）　伞 sǎn（傘）	件 jiàn	事 shì（こと）　衣服 yīfu（ふく）
本 běn	书 shū（本）　词典 cídiǎn（辞典）	块 kuài	肉 ròu（にく）　肥皂 féizào（せっけん）
条 tiáo	领带 lǐngdài（ネクタイ）　河 hé（かわ）	辆 liàng	自行车 zìxíngchē（自転車）　汽车 qìchē（くるま）
只 zhī	猫 māo（ねこ）　手 shǒu（て）	枝 zhī	毛笔 máobǐ（ふで）　香烟 xiāngyān（たばこ）

1 次の絵を見て，文を完成させなさい。(数量詞を用いること)

1）他家 _____

2）我有 _____

3）她吃 _____

4）她买 _____

▼B11 **2** 発音を聞いて，ピンインで書き取りなさい。

1) _____

2) _____

3) _____

4) _____

3 （　）内の正しい方に○をつけ，さらに日本語に訳しなさい。

1）车站附近（ 在　有 ）邮局吗?

訳：_____

2）图书馆（ 在　有 ）那儿。

訳：_____

3）你们学校（ 在　有 ）食堂吗?

訳：_____

第7课　坐 地铁 去。
Dì qī kè　Zuò dìtiě qù.

B12
13

高桥：　明天 我 去 前门 买 东西，你 能 一起 去 吗?
Míngtiān wǒ qù Qiánmén mǎi dōngxi, nǐ néng yìqǐ qù ma?

李：　能 啊。怎么 去?
Néng a. Zěnme qù?

高桥：　坐 公交车 去，怎么样?
Zuò gōngjiāochē qù, zěnmeyàng?

李：　公交车 比较 花 时间。
Gōngjiāochē bǐjiào huā shíjiān.

高桥：　那 咱们 坐 地铁 去。
Nà zánmen zuò dìtiě qù.

李：　对，可以 坐 二 号 线 去。
Duì, kěyǐ zuò èr hào xiàn qù.

高桥：　小王 明天 有 空儿 吗?
Xiǎo-Wáng míngtiān yǒu kòngr ma?

李：　不 知道。我 问问 他。
Bù zhīdào. Wǒ wènwen tā.

B14

新出語句

坐 zuò 動 乗る，座る

地铁 dìtiě 名 地下鉄

东西 dōngxi 名 もの

能 néng 助動 できる

怎么 zěnme 代 どのように

公交车 gōngjiāochē 名 バス

怎么样 zěnmeyàng 代 どうですか

比较 bǐjiào 副 割合に

花 huā 動 使う，費やす

时间 shíjiān 名 時間

那 nà 接 それでは

对 duì 形 正しい，合っている

可以 kěyǐ 助動 できる，〜してよろしい

号 hào 量 〜番

〜线 〜 xiàn 名 〜線

空儿 kòngr 名 暇

知道 zhīdao 動 知る，分かる(否定詞を伴う場
合は zhīdào)

问 wèn 動 質問する，問う

45

補充語句

借 jiè 動 借りる	说 shuō 動 話す
做 zuò 動 する，やる，作る	字 zì 名 字
买东西 mǎi dōngxi 買い物をする	读 dú 動 音読する，読む
参加 cānjiā 動 参加する	打电话 dǎ diànhuà 電話をかける
比赛 bǐsài 動 試合する	照相 zhào xiàng 動 写真をとる
游泳 yóu yǒng 動 泳ぐ	玩儿 wánr 動 遊ぶ
抽烟 chōu yān タバコを吸う	回 huí 動 帰る，戻る
开车 kāi chē 動 車を運転する	休息 xiūxi 動 休憩する，休む
用 yòng 動 使う	练习 liànxí 動 練習する

ポイント

1 連動文「動詞1＋(場所／手段)＋動詞2」

她去买东西。	Tā qù mǎi dōngxi.
我骑自行车去。	Wǒ qí zìxíngchē qù.
他去图书馆借书。	Tā qù túshūguǎn jiè shū.

練習 1)（あなたは）何をしに行きますか。

2)彼は地下鉄で学校に行く。

3)私はスーパーへ買い物をしに行く。

2 助動詞 "能"（できる，能力と客観的条件の下での可能を表す）

我能参加明天的比赛吗?	Wǒ néng cānjiā míngtiān de bǐsài ma?
他能吃四个包子。	Tā néng chī sì ge bāozi.
我今天不能游泳。	Wǒ jīntiān bù néng yóu yǒng.
这儿不能抽烟。	Zhèr bù néng chōu yān.

練習 1)明日来られますか。

2)今日は車を運転することができない。

3)あなたはギョーザを何個食べられますか。

3 手段を表す疑問詞 "怎么"

你怎么来学校?	Nǐ zěnme lái xuéxiào?
用汉语怎么说?	Yòng Hànyǔ zěnme shuō?
这个字怎么读?	Zhèi ge zì zěnme dú?

練習 1) 明日はどうやって行きますか。

2) この携帯はどうやって使いますか。

3) どうやって食べますか。

4 助動詞 "可以" （できる，～してよろしい，主として許可などに用いられる）

这儿可以打电话吗?	Zhèr kěyǐ dǎ diànhuà ma?
可以照相吗?	Kěyǐ zhào xiàng ma?

練習 1) （私は）あなたの家へ遊びに行ってもいいですか。

2) ここは座ってもいいですか。

3) （私は）家に帰ってもいいですか。

5 動詞の重ね型 （ちょっと，してみる）

可以看看吗?	Kěyǐ kànkan ma?
你休息休息。	Nǐ xiūxixiuxi.

練習 1) この雑誌をちょっと見てもいいですか。

2) 私も練習してみる。

3) （私が）ちょっと聞きに行ってみる。

動詞の重ね型のパターン

一音節の動詞：X → XX

走 zǒu（歩く）→ 走走 zǒuzou

二音節の動詞：XY → XYXY

研究 yánjiū（研究する，検討する）→ 研究研究 yánjiūyanjiu

二音節動詞のうち「動詞＋目的語」から構成される動詞（離合詞）：XY → XXY

游泳 yóu yǒng（泳ぐ）→ 游游泳 yóuyou yǒng

1| 次の絵を見て，"你怎么去?"という質問に答えなさい。

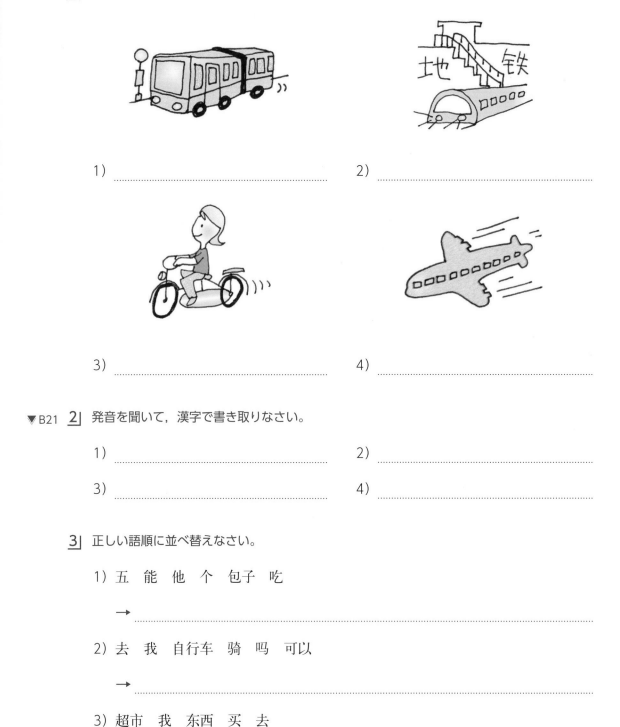

1) ....   2) ....

3) ....   4) ....

2| 発音を聞いて，漢字で書き取りなさい。

1) ....   2) ....

3) ....   4) ....

3| 正しい語順に並べ替えなさい。

1) 五　能　他　个　包子　吃

→ ....

2) 去　我　自行车　骑　吗　可以

→ ....

3) 超市　我　东西　买　去

→ ....

第 8 课　你 去过 前门 吗?
Dì bā kè　Nǐ qùguo Qiánmén ma?

B22
23

李:　明天 几 点 出发?
　　Míngtiān jǐ diǎn chūfā?

高桥:　九 点 半 出发, 怎么样?
　　Jiǔ diǎn bàn chūfā, zěnmeyàng?

李:　没 问题。
　　Méi wèntí.

高桥:　坐 地铁 去 要 多 长 时间?
　　Zuò dìtiě qù yào duō cháng shíjiān?

李:　要 一 个 小时 左右。 你 去过 前门 吗?
　　Yào yí ge xiǎoshí zuǒyòu. Nǐ qùguo Qiánmén ma?

高桥:　没 去过。 我 想 去 前门 看看 旗袍。
　　Méi qùguo. Wǒ xiǎng qù Qiánmén kànkan qípáo.

李:　你 想 买 现成 的 还是 定做?
　　Nǐ xiǎng mǎi xiànchéng de háishi dìngzuò?

高桥:　我 想 买 现成 的。
　　Wǒ xiǎng mǎi xiànchéng de.

B24
新出語句

过 guo 助 ～したことがある	左右 zuǒyòu 名 くらい, 程
出发 chūfā 動 出発する	没 méi 副 ない
没问题 méi wèntí 大丈夫だ	想 xiǎng 助動 ～したい
要 yào 動 (時間や費用など)かかる	旗袍 qípáo 名 チャイナドレス
多 duō 副 どのぐらい	现成 xiànchéng 形 既製の
长 cháng 形 長い	还是 háishi 接 それとも
小时 xiǎoshí 名 ～時間	定做 dìngzuò 動 注文して作らせる

補充語句

上 shàng 名 (順序や時間が)前の，先の	重 zhòng 形 重い
下 xià 名 (順序や時間が)次の	法国 Fǎguó 名 フランス
旅行 lǚxíng 動 旅行する	北京烤鸭 Běijīng kǎoyā 名 北京ダック
天 tiān 名 〜日	旅游 lǚyóu 動 旅行する
钟头 zhōngtóu 名 〜時間	游戏 yóuxì 名 ゲーム
每天 měitiān 名 毎日	中国菜 zhōngguócài 名 中華料理
睡 shuì 動 寝る	散步 sàn bù 動 散歩する
美国 Měiguó 名 アメリカ	橘子 júzi 名 みかん
富士山 Fùshìshān 名 富士山	日本菜 rìběncài 名 日本料理
高 gāo 形 高い	

ポイント

1 時点と時間の幅

時点：	今天	明年	上个月	下个月	下个星期
	jīntiān	míngnián	shàng ge yuè	xià ge yuè	xià ge xīngqī

> 她下个星期去中国。　　Tā xià ge xīngqī qù Zhōngguó.
> 明年去美国旅行。　　　Míngnián qù Měiguó lǚxíng.

時間の幅：	一天	一个星期	两个月	三年	一个半小时（钟头）
	yì tiān	yí ge xīngqī	liǎng ge yuè	sān nián	yí ge bàn xiǎoshí(zhōngtóu)
	几天	几个星期	几个月	几年	几个小时
	jǐ tiān	jǐ ge xīngqī	jǐ ge yuè	jǐ nián	jǐ ge xiǎoshí

「主語＋述語＋時間の幅＋（目的語）」

> 我每天看一个小时书。　　Wǒ měitiān kàn yí ge xiǎoshí shū.
> 你每天睡几个小时?　　　Nǐ měitiān shuì jǐ ge xiǎoshí?

練習　1）あなたは毎日テレビを何時間見ますか。

　　　2）彼女は来月アメリカに行く。

　　　3）あなたは毎日何時間練習しますか。

2 "多"＋形容詞 （どのぐらい〜）

你妹妹今年多大?   Nǐ mèimei jīnnián duō dà?

富士山(有)多高?   Fùshìshān (yǒu) duō gāo?

練習 1）あなたの家は大学からどのぐらい離れていますか。

2）その荷物はどのぐらい重いですか。

3）あなたは今年おいくつですか。

3 経験を表す "过"　（〜したことがある）（否定は "没"＋動詞＋"过"）

你学过法语吗?   Nǐ xuéguo Fǎyǔ ma?

我没坐过飞机。   Wǒ méi zuòguo fēijī.

練習 1）私はフランス映画を見たことがある。

2）彼女は中国に行ったことがない。

3）あなたは北京ダックを食べたことがありますか。

4 願望を表す助動詞 "想"　（〜したい）（否定は "不想〜"）

你想去中国旅游吗?   Nǐ xiǎng qù Zhōngguó lǚyóu ma?

我不想玩儿游戏。   Wǒ bù xiǎng wánr yóuxì.

練習 1）あなたは中華料理を食べたいですか。

2）私は公園へ散歩に行きたい。

3）私はテレビを見たくない。

5 選択疑問文 "还是"　（〜それとも〜）

你喝红茶还是(喝)咖啡?   Nǐ hē hóngchá háishi (hē) kāfēi?

你吃苹果还是(吃)橘子?   Nǐ chī píngguǒ háishi (chī) júzi?

練習 1）あなたは本を読みますかそれともテレビを見ますか。

2）あなたは日本料理を食べますかそれとも中華料理を食べますか。

3）彼は中国語を習いますかそれとも英語を習いますか。

▼B31 **1|** 次の絵を見て，質問に答えなさい。

你想买什么?

1) ....

你去借什么?

2) ....

你想去哪儿?

3) ....

你想喝什么?

4) ....

▼B32 **2|** 発音を聞いて，漢字で書き取り，さらに答えなさい。

1) ....

答え： ....

2) ....

答え： ....

3) ....

答え： ....

4) ....

答え： ....

3| [　　] 内の時間詞を正しい場所に入れなさい。

1) 他想（　　　　）看（　　　　）电视。　　[一个小时]

2) 我（　　　　）去（　　　　）游泳。　　[明天]

3) 妈妈（　　　　）去美国旅行（　　　　）。　　[下个星期]

第9课　多少钱一件?
Dì jiǔ kè　Duōshao qián yí jiàn?

李：　前天 我 和 高桥 去了 一 趟 前门。
　　　Qiántiān wǒ hé Gāoqiáo qùle yí tàng Qiánmén.

田中：　前天 星期 六，人 很 多 吧。
Tiánzhōng：Qiántiān xīngqī liù, rén hěn duō ba.

李：　是 啊。你 去过 前门 吗?
　　　Shì a. Nǐ qùguo Qiánmén ma?

田中：　去过 两 次。你们 买了 些 什么?
　　　　Qùguo liǎng cì. Nǐmen mǎile xiē shénme?

李：　高桥 在 一 家 服装店 买了 一 件 旗袍。
　　　Gāoqiáo zài yì jiā fúzhuāngdiàn mǎile yí jiàn qípáo.

田中：　多少 钱 一 件?
　　　　Duōshao qián yí jiàn?

李：　两千 多 块。
　　　Liǎngqiān duō kuài.

田中：　一定 很 漂亮 吧。
　　　　Yídìng hěn piàoliang ba.

B35

新出語句

多少 duōshao 代 どのぐらい
钱 qián 名 お金
件 jiàn 量 衣類などを数える
了 le 助 完了を表す
趟 tàng 量 行き来する回数
多 duō 形 多い
吧 ba 助 ～だろう，推量を表す
次 cì 量 回

些 xiē 量 すこしの，いくらかの
在 zài 前 ～で，に，場所を表す
家 jiā 量 ～軒
服装店 fúzhuāngdiàn 名 衣料品店
多 duō 数量 (数量詞の後ろにつけて)～あまり
块 kuài 量 元，お金の単位
一定 yídìng 副 きっと
漂亮 piàoliang 形 きれい，美しい

3 場所を表す前置詞 "在"

她在图书馆学习。	Tā zài túshūguǎn xuéxí.
我在食堂吃午饭。	Wǒ zài shítáng chī wǔfàn.
姐姐不在银行工作。	Jiějie bú zài yínháng gōngzuò.

　　　練習　1）彼のお兄さんはどこに勤めていますか。

　　　　　　　2）私は家で朝食を食べる。

　　　　　　　3）今日は家でご飯を食べない。

4 貨幣の数え方

元 yuán ／块 kuài（一、两、五、十、五十、一百）元／块

角 jiǎo ／毛 máo（一、两、五）角／毛

分 fēn（一、两、五）分

一块八（毛）	yí kuài bā (máo)
六毛四（分）	liù máo sì (fēn)
三块七毛九（分）	sān kuài qī máo jiǔ (fēn)

　　　練習　1）この鉛筆は 1.5 元です。

　　　　　　　2）この服は 348 元です。

　　　　　　　3）この切符は 50 元です。

完了を表す "了"

完了を表す "了" は「動詞＋ "了" ＋名詞」だけでは，通常言いきりにならない。

　×他买了票。Tā mǎile piào.

文として完結させる場合には数量詞を入れるか

　他买了一张票。Tā mǎile yì zhāng piào.

あるいは後半にさらに文をつづける。

　他买了票，～。Tā mǎile piào, ~.

　我吃了饭，去学校。Wǒ chīle fàn, qù xuéxiào.（私はご飯を食べたら，学校に行く）

　吃了饭，去买东西。Chīle fàn, qù mǎi dōngxi.（ご飯を食べたら，買い物に行く）

▼B41 **1|** 次の絵を見て，質問に答えなさい。

他在哪儿散步?

1) ……………………………………

他在哪儿工作?

2) ……………………………………

他在哪儿吃饭?

3) ……………………………………

他在哪儿买东西?

4) ……………………………………

▼B42 **2|** 発音を聞いて，漢字で書き取りなさい。

1) …………………………………… 2) ……………………………………

3) …………………………………… 4) ……………………………………

3| 正しい語順に並べ替えなさい。

1) 苹果 我 五 了 个 买

→ ……………………………………………………………………………

2) 工作 他 大学 姐姐 在

→ ……………………………………………………………………………

3) 吧 有意思 杂志 这 很 本

→ ……………………………………………………………………………

第 10 课　我 有 点儿 困 了。
Dì shí kè　Wǒ yǒudiǎnr kùn le.

（一緒に図書館で課題に取り組んでいる二人）

B43
44 李：　累 了 吧。休息 一下。
　　　Lèi le ba. Xiūxi yíxià.

田中：　不 太 累。我 有点儿 困 了。
　　　Bú tài lèi. Wǒ yǒudiǎnr kùn le.

李：　那 咱们 去 喝 杯 咖啡，好 不 好?
　　　Nà zánmen qù hē bēi kāfēi, hǎo bu hǎo?

田中：　好 啊。附近 有 两 家 咖啡厅，去 哪 家?
　　　Hǎo a. Fùjìn yǒu liǎng jiā kāfēitīng, qù něi jiā?

李：　我 觉得 离 这儿 近 的 那 家 不错。
　　　Wǒ juéde lí zhèr jìn de nèi jiā búcuò.

田中：　是 啊。那 家 比 另 一 家 大，而且 好喝。
　　　Shì a. Nèi jiā bǐ lìng yì jiā dà, érqiě hǎohē.

（喫茶店に着いた二人）

李：　我 要 一 杯 卡布奇诺，你 呢?
　　　Wǒ yào yì bēi kǎbùqínuò, nǐ ne?

田中：　我 要 一 杯 拿铁 和 一 块 蛋糕。
　　　Wǒ yào yì bēi nátiě hé yí kuài dàngāo.

B45 **新出語句**

有点儿 yǒudiǎnr 副 ちょっと，すこし	比 bǐ 前 ～より，
困 kùn 形 眠い	另 lìng 代 別の，ほかの
了 le 助 変化を表す	而且 érqiě 接 さらに
一下 yíxià 数量 (動詞の後ろに用いて)ちょっと	要 yào 動 要る，ほしい
不太 bú tài あまり～ない	卡布奇诺 kǎbùqínuò 名 カプチーノ
咖啡厅 kāfēitīng 名 喫茶店	拿铁 nátiě 名 カフェラテ
觉得 juéde 動 感じる，～と思う	蛋糕 dàngāo 名 ケーキ

補充語句

高兴 gāoxìng 形 うれしい，喜ぶ	机场 jīchǎng 名 空港
毛衣 máoyī 名 セーター	菜 cài 名 料理
小 xiǎo 形 小さい	咸 xián 形 塩辛い
点 diǎn 動 数える，チェックする	眼睛 yǎnjing 名 目
等 děng 動 待つ	红 hóng 形 赤い
商量 shāngliang 動 相談する	凉快 liángkuai 形 涼しい
酸 suān 形 酸っぱい	留学 liú xué 動 留学する

ポイント

1 （変化・新事態の発生を表す）文末の "了"

她二十八岁了。	Tā èrshibā suì le.
小王不高兴了。	Xiǎo-Wáng bù gāoxìng le.
妈妈去超市买东西了。	Māma qù chāoshì mǎi dōngxi le.

練習　1）このセーターは小さくなった。

　　　2）私は今年十九歳になった。

　　　3）彼は泳ぎに行った。

2 動詞＋"一下"

咱们在这儿休息一下。	Zánmen zài zhèr xiūxi yíxià.
这是五百块，您点一下。	Zhè shì wǔ bǎi kuài, nín diǎn yíxià.

練習　1）ちょっと待ってください。

　　　2）（私は）ちょっと見てもよろしいですか。

　　　3）（私たち）ちょっと相談してみる。

3 "有点儿"＋形容詞 （通常マイナス評価の形容詞を伴う）

这个苹果有点儿酸。　　　Zhèi ge píngguǒ yǒudiǎnr suān.

这儿离机场有点儿远。　　Zhèr lí jīchǎng yǒudiǎnr yuǎn.

我有点儿累了。　　　　　Wǒ yǒudiǎnr lèi le.

　　練習　1）この料理は少し塩辛い。

　　　　　2）今日は少し暑い。

　　　　　3）目が少し赤い。

4 比較を表す前置詞 "比" （否定は "没有"）

这本书比那本书有意思。　　Zhèi běn shū bǐ nèi běn shū yǒu yìsi.

今天没有昨天凉快。　　　　Jīntiān méiyǒu zuótiān liángkuai.

　　練習　1）中国語は英語より難しい。

　　　　　2）この服はあの服より安い。

　　　　　3）私の発音は彼ほどうまくない。

　　文末の "了"
　　────────

文末の "了" は完了の "了" と同一の文中に現れることもある。

特に数量詞を伴う場合に多く，文末の "了" の有無で意味が異なる。

　我学了两年汉语了。Wǒ xuéle liǎng nián Hànyǔ le.

　（私は中国語をすでに二年間勉強している）

現在も勉強していて，これからもまた続けるかもしれない。

　我学了两年汉语。Wǒ xuéle liǎng nián Hànyǔ.

　（私は中国語を二年間勉強した）

現在の状態については言及していない。

▼B51 **1|** 次の絵を見て，質問に答えなさい。

这个橘子怎么样?

小李去哪儿了?

1) ....

2) ....

今天冷吗?

小王比小刘高吗?

3) ....

4) ....

▼B52 **2|** 発音を聞いて，漢字で書き取りなさい。

1) ....

2) ....

3) ....

4) ....

3| （　　）に適切な単語を入れ，日本語に訳しなさい。

1) 田中去中国留学（　　　　）。

→ ....

2) 公交车（　　　）自行车快。

→ ....

3) 你在这儿等（　　　），我去看看。

→ ....

第 **11** 课　你 有 时间 看 小说 吗?
Dì　shíyī　kè　　Nǐ　yǒu　shíjiān　kàn　xiǎoshuō　ma?

（コーヒーを飲みながら、雑談をする二人）

▼B53
54

李:　你 有 时间 看 小说 吗?
　　Nǐ yǒu shíjiān kàn xiǎoshuō ma?

田中:　有 哇。我 经常 看 小说。
　　　Yǒu wa. Wǒ jīngcháng kàn xiǎoshuō.

（手に持っている本を指しながら）

李:　这 本 书 特别 好看, 你 看过 吗?
　　Zhèi běn shū tèbié hǎokàn, nǐ kànguo ma?

田中:　没 看过。这 是 从 图书馆 借来 的 吗?
　　　Méi kànguo. Zhè shì cóng túshūguǎn jièlai de ma?

李:　不 是, 是 从 小王 那儿 借来 的。
　　Bú shì, shì cóng Xiǎo-Wáng nàr jièlai de.

田中:　我 可以 拿回去 看看 吗?
　　　Wǒ kěyǐ náhuiqu kànkan ma?

李:　当然 可以。你 最 喜欢 看 什么 小说?
　　Dāngrán kěyǐ. Nǐ zuì xǐhuan kàn shénme xiǎoshuō?

田中:　推理 小说。
　　　Tuīlǐ xiǎoshuō.

▼B55　**新出語句**

小说 xiǎoshuō 名 小説	从 cóng 前 ～から，動作の起点を表す
哇 wa 助 "啊"の変音	拿 ná 動 持つ，取る
经常 jīngcháng 副 いつも	回去 huíqu 動 帰る，帰っていく。
特别 tèbié 副 とりわけ，とくに	当然 dāngrán 副 もちろん
好看 hǎokàn 形 きれい，面白い	推理 tuīlǐ 動 推理する

補充語句

机会 jīhuì 名 機会，チャンス	英国 Yīngguó 名 イギリス
锻炼 duànliàn 動 鍛える	寄 jì 動 (郵便などで)送る
出租汽车 chūzū qìchē 名 タクシー	箱 xiāng 名 箱
跟 gēn 接 ～と	水果 shuǐguǒ 名 果物
条 tiáo 量 本，筋：細長いものを数える	带 dài 動 携帯する，持つ
小路 xiǎolù 名 小道	外衣 wàiyī 名 上着
走 zǒu 動 歩く，行く	楼 lóu 量 建物の階数を数える
开始 kāishǐ 動 始める，始まる	

ポイント

▼ B57 **1** "有"を用いる連動文「"有"＋名詞＋動詞」

你们有机会去中国留学吗？　　　Nǐmen yǒu jīhuì qù Zhōngguó liú xué ma?
我没有时间锻炼身体。　　　　　Wǒ méiyǒu shíjiān duànliàn shēntǐ.

　練習　1) 本を読む時間がありますか。

　　　　2) パソコンを買うお金がない。

　　　　3)（あなたは）中国語を勉強する時間がありますか。

▼ B58 **2** 取り立ての"(是)～的"（いつ、どこ、いかに、誰がしたかを取り立てる。"是"は省略可能）

她(是)坐出租汽车去的。　　　　Tā (shì) zuò chūzū qìchē qù de.
你(是)跟谁一起来的?　　　　　Nǐ (shì) gēn shéi yìqǐ lái de?

　練習　1) 彼は自転車で行ったのではない。

　　　　2) 私は食堂で食べたのだ。

　　　　3) 彼女は昨日来たのだ。

▼ B59 **3** 起点を表す"从"（～から，動作の起点を示す。）

你是从哪儿来的?　　　　　　　Nǐ shì cóng nǎr lái de?
我不想从这条小路走。　　　　　Wǒ bù xiǎng cóng zhèi tiáo xiǎolù zǒu.
我们从第四课开始学习。　　　　Wǒmen cóng dì sì kè kāishǐ xuéxí.

　練習　1) 彼女はイギリスから来たのだ。

　　　　2) 明日私たちは学校から出発するのはどうですか。

　　　　3) この本は図書館から借りてきたのだ。

4 方向補語 「動詞＋方向補語」

単純方向補語

来	去	上	下	进	出	回	过	起
lái	qù	shàng	xià	jìn	chū	huí	guò	qǐ

妈妈寄来了一箱水果。　Māma jìlaile yì xiāng shuǐguǒ.
带一件外衣去。　Dài yí jiàn wàiyī qu.

複合方向補語

上来	下来	进来	出来	回来	过来	起来
shànglai	xiàlai	jìnlai	chūlai	huílai	guòlai	qǐlai
上去	下去	进去	出去	回去	过去	—
shàngqu	xiàqu	jìnqu	chūqu	huíqu	guòqu	

他从五楼走了下来。　Tā cóng wǔ lóu zǒule xiàlai.
小陈走出图书馆来。　Xiǎo-Chén zǒuchū túshūguǎn lai.

練習　1）彼は歩いて家に帰ってきた。
　　　2）お姉さんはパンを3個買って帰ってきた。
　　　3）先生は一階から歩いて上がってきた。

"来／去"のつく方向補語と目的語の位置

場所目的語は"来／去"の前に置かれる。
　他走进图书馆来。　Tā zǒujìn túshūguǎn lai.　　×他走进来图书馆。
目的語が一般事物の場合：
動作が完了していない場合は必ず"来／去"の前に置く。
　我想带一本书去。　Wǒ xiǎng dài yì běn shū qu.　　×我想带去一本书。
動作が完了している場合は"来／去"の前後どちらにも置くことができる。
　他带来了一本书。　Tā dàilaile yì běn shū.
　他带了一本书来。　Tā dàile yì běn shū lai.

▼B61 **1|** 次の絵を見て，質問に答えなさい。

他从哪儿走了出来?

1) ....

你今天是几点来的?

2) ....

他有钱买电脑吗?

3) ....

他买来了几本杂志?

4) ....

▼B62 **2|** 発音を聞いて，漢字で書き取りなさい。

1) ....　　2) ....

3) ....　　4) ....

3| 正しい語順にしなさい。

1) 是　的　坐　我　出租汽车　今天　来

　→ ....

2) 吗　你　中国　有　旅行　去　时间

　→ ....

3) 走　从　回来　她　车站　了

　→ ....

第 12 课　学过 一点儿。

Dì　shí'èr　kè　　Xuéguo　　yìdiǎnr.

（コーヒーを飲みながら、雑談をする二人）

B63
64

李：　听说 你 在 学 做 中国菜，是 吗？
Tīngshuō nǐ zài xué zuò zhōngguócài, shì ma?

田中：　是 啊。高桥 也 在 学 呢。
Shì a.　Gāoqiáo yě zài xué ne.

李：　那 找 时间 做 一、两 个 中国菜 让 我们 尝尝，
Nà zhǎo shíjiān zuò yì、liǎng ge zhōngguócài ràng wǒmen chángchang,

怎么样？
zěnmeyàng?

田中：　没 问题。你 以前 学过 烹调 吗？
Méi wèntí.　Nǐ yǐqián xuéguo pēngtiáo ma?

李：　学过 一点儿。
Xuéguo　yìdiǎnr.

田中：　你 学过 多 长 时间？
Nǐ xuéguo duō cháng shíjiān?

李：　我 只 学了 三 个 月 就 不 学 了。
Wǒ zhǐ xuéle sān ge yuè jiù bù xué le.

田中：　是 吗？我 觉得 烹调 很 有 意思。
Shì ma?　Wǒ juéde pēngtiáo hěn yǒu yìsi.

B65 **新出語句**

一点儿 yìdiǎnr 数量 すこし	尝 cháng 動 味わう
听说 tīngshuō 動 聞くところによると～そうだ	以前 yǐqián 名 以前，昔
在 zài 副 ～している	烹调 pēngtiáo 動 料理する
呢 ne 助 動作や状態の持続を表す	只 zhǐ 副 ただ
找 zhǎo 動 探す	就 jiù 副 すぐ
让 ràng 動 ～させる	

65

補充語句

足球 zúqiú 名 サッカー	儿子 érzi 名 息子
画 huà 動 描く	蔬菜 shūcài 名 野菜
画儿 huàr 名 絵	慢 màn 形 遅い
客人 kèren 名 客	早 zǎo 形 早い
餐厅 cāntīng 名 レストラン	起床 qǐ chuáng 動 起床する
睡觉 shuì jiào 動 寝る	病 bìng 名 病気
出差 chū chāi 動 出張する	药 yào 名 薬
熬夜 áo yè 動 徹夜する	坏 huài 動 壊れる
回答 huídá 動 答える	上班 shàng bān 動 出勤する
问题 wèntí 名 問題	

ポイント

1　動作の進行を表す"在"（"在"＋動詞）

田中在看足球比赛。	Tiánzhōng zài kàn zúqiú bǐsài.
她在打电话。	Tā zài dǎ diànhuà.

練習　1）李さんは映画を見ている。

　　　2）田中さんは中国語を勉強している。

　　　3）彼女は絵を描いている。

2　持続を表す"呢"（文末に置かれ，主として話し言葉に用いる）

弟弟玩儿游戏呢。	Dìdi wánr yóuxì ne.
客人在餐厅吃饭呢。	Kèren zài cāntīng chī fàn ne.

練習　1）彼は寝ている。

　　　2）私は図書館で勉強している。

　　　3）母はご飯を作っている。

3　使役の"让／叫"（兼語文）「N1 ＋ V1 ＋ N2 ＋ V2」（〜させる，〜てもらう）

公司让他去上海出差。	Gōngsī ràng tā qù Shànghǎi chū chāi.
妈妈不让孩子熬夜。	Māma bú ràng háizi áo yè.

練習　1）（兄は）弟に荷物を持たせる。

　　　2）先生は学生に（質問に）答えさせる。

　　　3）父は息子に車の運転をさせない。

4 "一点儿"（少し）（しばしば "一" が省略される）

① 動詞＋"一点儿"（量）

喝(一)点儿水。　　　　　　　　Hē (yì)diǎnr shuǐ.
吃(一)点儿蔬菜。　　　　　　　Chī (yì)diǎnr shūcài.

② 形容詞＋"一点儿"（程度）

慢(一)点儿走。　　　　　　　　Màn (yì)diǎnr zǒu.
明天我想早(一)点儿起床。　　　Míngtiān wǒ xiǎng zǎo (yì)diǎnr qǐ chuáng.

　　　練習　1）果物を少し買う。
　　　　　　2）明日少し早めに学校に行く。
　　　　　　3）病気は少しよくなった。

5 時間が短いことや数量が少ないことを表す "就"

他去了一个小时就回来了。　　Tā qùle yí ge xiǎoshí jiù huílai le.
昨天我八点就睡了。　　　　　Zuótiān wǒ bā diǎn jiù shuì le.
吃了一次药就好了。　　　　　Chīle yí cì yào jiù hǎo le.

　　　練習　1）一回使ったら，すぐ壊れてしまった。
　　　　　　2）彼は四時に（もう）起床した。
　　　　　　3）彼女はご飯を食べたら，すぐ帰った。

進行と持続のいろいろ

　日本語の持続を表す「～している」という表現と対応するものとして，中国語にはいくつかの表現方法がある。

①「"在"＋動詞」（動作が進行中であることを表す）

　他在看书。Tā zài kàn shū.

②「動詞＋"着"」（動作の持続を表す。）（動作の結果の持続は ☞ p.79）

　他看着书。Tā kànzhe shū.

③「動詞＋（名詞）＋"呢"」（文末に助詞の "呢" を用いて，持続を表す。）

　他写信呢。Tā xiě xìn ne.

　①と②の形式の文末にさらに "呢" をつけることも可能である。

　他在看书呢。Tā zài kàn shū ne.

　他看着书呢。Tā kànzhe shū ne.

▼B72 **1|** 次の絵を見て，質問に答えなさい。

她在喝什么?

1) ....

他在看什么?

2) ....

他在吃什么?

3) ....

他在做什么?

4) ....

▼B73 **2|** 発音を聞いて，漢字で書き取りなさい。

1) ....　　2) ....

3) ....　　4) ....

3| （　　）に適切な単語を入れ，日本語に訳しなさい。

1）妈妈（　　　　　　　）孩子去超市买东西。

→ ....

2）他吃了（　　　　　　）早点（　　　　　　　）去上班了。

→ ....

3）小王在图书馆看书（　　　　　　）。

→ ....

B74
75

田中：　喂，小王，你 好。
　　　　Wéi, Xiǎo-Wáng, nǐ hǎo.

王：　　你 好。我 刚才 给 你 发 的 微信 收到 了 吗?
　　　　Nǐ hǎo. Wǒ gāngcái gěi nǐ fā de wēixìn shōudào le ma?

田中：　收到 了。我 正 想 给 你 回 信 呢。
　　　　Shōudào le. Wǒ zhèng xiǎng gěi nǐ huí xìn ne.

王：　　你 星期天 能 来 吗?
　　　　Nǐ xīngqītiān néng lái ma?

田中：　没 问题。小李 和 高桥 也 去 吗?
　　　　Méi wèntí. Xiǎo-Lǐ hé Gāoqiáo yě qù ma?

王：　　她们 也 来。咱们 一起 包 饺子，好 不 好?
　　　　Tāmen yě lái. Zánmen yìqǐ bāo jiǎozi, hǎo bu hǎo?

田中：　太 好 了。听说 你 包 的 饺子 好吃 极了。
　　　　Tài hǎo le. Tīngshuō nǐ bāo de jiǎozi hǎochī jíle.

王：　　过奖 过奖。
　　　　Guòjiǎng guòjiǎng.

B76　**新出語句**

正 zhèng 副 ちょうど	微信 wēixìn 名 ウイチャット
给 gěi 前 ～に，～のために	收到 shōudào 動 受け取る
回信 huí xìn 動 返信する	包 bāo 動 包む，作る
喂 wéi 感 もしもし	太～了 tài ～ le あまりにも～だ
刚才 gāngcái 名 さきほど	极了 jíle すごく，あまりにも
发 fā 動 （メールなどを）送る	过奖 guòjiǎng 動 ほめすぎ，とんでもない

補充語句

母亲 mǔqin 名 母親	送 sòng 動 プレゼントする	准备 zhǔnbèi 動 用意する,
礼物 lǐwù 名 お土産, プレゼント	懂 dǒng 動 わかる	準備する
留 liú 動 出す, 残す	找到 zhǎodào 動 見つかる	辣 là 形 辛い
作业 zuòyè 名 宿題	洗 xǐ 動 洗う	风景 fēngjǐng 名 景色
给 gěi 動 くれる, あげる	还 hái 副 まだ	味道 wèidao 名 味

ポイント

1 受給と受益の"给"「N1＋"给"＋N2＋動詞」

她给母亲买了一个生日礼物。　Tā gěi mǔqin mǎile yí ge shēngrì lǐwù.
老师给学生留作业。　Lǎoshī gěi xuésheng liú zuòyè.

"给"は本来「与える」という意味で「N＋"给"＋間接目的語＋直接目的語」のように，二重目的語を取る動詞として用いられている。

哥哥给我十块钱。Gēge gěi wǒ shí kuài qián.（兄が私に十元をくれる）

練習　1）王さんは私たちに中華料理を一つ作ってくれた。
　　　2）（私に）ちょっと見せてもらってもいいですか。
　　　3）彼は毎日友達に電話をかける。

2 動詞の連体修飾「動詞＋"的"＋名詞」

昨天借的那本书很有意思。　Zuótiān jiè de nèi běn shū hěn yǒu yìsi.
这是小张送的礼物。　Zhè shì Xiǎo-Zhāng sòng de lǐwù.

練習　1）昨日買った雑誌はどこにありますか。
　　　2）あなたの話した中国語は（私は）聞いて分かった。
　　　3）これは誰が描いた絵ですか。

3 結果補語「動詞＋結果補語(自動詞／形容詞)」 （行為の結果の実現を問題にする構文）

肯定形	否定形
买到了 mǎidào le	没买到 méi mǎidào
听懂了 tīngdǒng le	没听懂 méi tīngdǒng
吃完了 chīwán le	没吃完 méi chīwán
做好了 zuòhǎo le	没做好 méi zuòhǎo

手机找到了吗？	Shǒujī zhǎodào le ma?
衣服都洗完了。	Yīfu dōu xǐwán le.
还没准备好。	Hái méi zhǔnbèihǎo.

練習　1）あの本は借りられましたか。

　　　　2）ご飯を食べ終わってから，テレビを見る。

　　　　3）私は聞いて分からなかった。

B81　**4**　"太~了"　（~すぎだ，あまり~だ，本当に~だ，実に~だ）

| 这个菜太辣了。 | Zhèi ge cài tài là le. |
| 今天太累了。 | Jīntiān tài lèi le. |

練習　1）私は今日すごく嬉しい。

　　　　2）ここの景色は実に綺麗だ。

　　　　3）この小説は実におもしろい。

B82　**5**　形容詞＋"极了"　（ものすごく，とっても）

| 他家离学校远极了。 | Tā jiā lí xuéxiào yuǎn jíle. |
| 富士山漂亮极了。 | Fùshìshān piàoliang jíle. |

練習　1）このチャイナドレスはすごく安い。

　　　　2）李さんの日本語はすごくうまい。

　　　　3）この料理の味はすごくいい。

結果補語のいろいろ

よく使われる「動詞＋結果補語」

着	→	睡着（了）（寝付いた）		干净	→	洗干净（了）（きれいに洗った）
zháo		shuìzháo(le)		gānjìng		xǐgānjìng(le)
住	→	记住（了）（覚えた）		清楚	→	听清楚（了）（はっきり聞こえた）
zhù		jìzhù(le)		qīngchu		tīngqīngchu(le)
走	→	拿走（了）（持っていった）				
zǒu		názǒu(le)				

第 14 课　你 会 包 饺子 吗?
Dì shísì kè　Nǐ huì bāo jiǎozi ma?

B85
86

王：　高桥, 你 会 包 饺子 吗?
Gāoqiáo, nǐ huì bāo jiǎozi ma?

高桥：　会 一点儿。
Huì yìdiǎnr.

王：　那 我 擀 皮儿, 你 包, 怎么样?
Nà wǒ gǎn pír, nǐ bāo, zěnmeyàng?

高桥：　不行。我 包不好, 让 田中 包 吧。
Bùxíng. Wǒ bāobuhǎo, ràng Tiánzhōng bāo ba.

王：　包不好, 没 关系。慢慢儿 练习练习 就 好 了。
Bāobuhǎo, méi guānxi. Mànmānr liànxílianxi jiù hǎo le.

高桥：　那 我 试 一下。
Nà wǒ shì yíxià.

王：　你 包 的 时候 要 用 点儿 劲儿。
Nǐ bāo de shíhou yào yòng diǎnr jìnr.

高桥：　明白 了。怎么样? 这个 还 可以 吧。
Míngbai le. Zěnmeyàng? Zhèige hái kěyǐ ba.

B87
新出語句

会 huì 助動 できる	试 shì 動 試す
擀 gǎn 動 (棒などで)伸ばす	时候 shíhou 名 時
皮儿 pír 名 皮	要 yào 助動 しなければならない, することに
不行 bùxíng 形 だめだ	なっている。
吧 ba 助 提案・勧誘などを表す	劲儿 jìnr 名 力
没关系 méi guānxi 大丈夫だ	明白 míngbai 動 わかる
慢慢儿 mànmānr 副 ゆっくり	还可以 hái kěyǐ まあまあ

73

補充語句

乒乓球 pīngpāngqiú 名 卓球

得 de 助 可能・様態補語を導く

声音 shēngyīn 名 声，音

钱包 qiánbāo 名 財布

感冒 gǎnmào 動 風邪をひく

肚子 dùzi 名 おなか

饿 è 動 おなかがすく

好好儿 hǎohāor 副 ちゃんと，しっかり

地 de 助 形容詞などの後ろにつけて，連用修飾語になる。

过 guò 動 過ごす，迎える；渡る

春节 Chūnjié 名 旧正月

马路 mǎlù 名 道路

小心 xiǎoxīn 動 気を付ける

涮羊肉 shuàn yángròu しゃぶしゃぶ

ポイント

1 助動詞"会"（技能・技術を習得してできる。否定は"不会"）

你会说汉语吗？ Nǐ huì shuō Hànyǔ ma?

我不会做中国菜。 Wǒ bú huì zuò zhōngguócài.

練習 1）あなたは卓球ができますか。

2）彼も運転できる。

3）彼女は泳げない。

2 可能補語 行為の結果の実現が可能か不可能かを問題にする。

しばしば否定や疑問に用いられる。

肯定形 [動詞 + "得" + 動詞 / 形容詞]	否定形 [動詞 + "不" + 動詞 / 形容詞]
买得到 mǎidedào	买不到 mǎibudào
听得见 tīngdejiàn	听不见 tīngbujiàn
吃得下 chīdexià	吃不下 chībuxià
做得好 zuòdehǎo	做不好 zuòbuhǎo
穿得了 chuāndeliǎo	穿不了 chuānbuliǎo

在日本看得到中国电影吗？ Zài Rìběn kàndedào Zhōngguó diànyǐng ma?

声音太小了，我听不见。 Shēngyīn tài xiǎo le, wǒ tīngbujiàn.

練習 1）日本では北京ダックが食べられますか。

2）財布が見つからない（見つからなくなった）。

3）料理が多すぎて，私は食べきれない。

3 語気助詞 "吧" （提案・勧誘を表す）(推量 ☞ p.54)

咱们一起照张相吧。　　　　　　　Zánmen yìqǐ zhào zhāng xiàng ba.
你先回去吧。　　　　　　　　　　Nǐ xiān huíqu ba.

練習　1）（私たちは）一緒に相談してみよう。
2）あなたは風邪をひいているから，早めに休んでください。
3）おなかがすいた。ご飯を食べに行こう。

4 形容詞の重ね型　（AA 型／ AABB 型）

妈妈让孩子好好儿学习。　　　　　Māma ràng háizi hǎohāor xuéxí.
热热闹闹地过春节。　　　　　　　Rèrènāonāo de guò Chūnjié.

5 助動詞 "要"　（～しなければならない，～することになっている，～するものだ）

过马路的时候要小心点儿。　　　　Guò mǎlù de shíhou yào xiǎoxīn diǎnr.
他明天要去参加比赛。　　　　　　Tā míngtiān yào qù cānjiā bǐsài.

練習　1）車を運転するとき，気をつけなければならない。
2）彼女は来月中国へ旅行に行くことになっている。
3）私は明日の夜英語を習いに行かないといけない。

可能表現のいろいろ

"会"：(技能，技術を習得してできる) ただし，"听"（聞く）と "看"（読む）の場合は使えない。
　×会听　　　　　　　×会看
"能"：能力や客観的条件のもとで可能である。否定の "不能" は行為の禁止を表すことが多い。
　我能游一百米。Wǒ néng yóu yìbǎi mǐ.（私は 100 メートル泳げる）
"可以"：客観的条件のもとで可能である。主として許可を表す。
　我可以抽烟吗？Wǒ kěyǐ chōu yān ma?（タバコを吸ってもいいですか）
可能補語：行為結果の実現が可能かどうかを表す。
　看得懂 kàndedǒng（見てわかる）
　看不懂 kànbudǒng（見てわからない。行為の禁止ではなく，結果の実現が達成できない意味）

1| 次の絵を見て，"会"を用いて文を完成させなさい。

1）她 _____

2）他 _____

3）我 _____

4）小张 _____

▼B94 **2|** 発音を聞いて，漢字で書き取りなさい。

1） _____

2） _____

3） _____

4） _____

3| （　　）に適切な単語を入れ，日本語に訳しなさい。

1）骑自行车的时候（　　　　　　　）小心点儿。

→ _____

2）咱们一起去游泳（　　　　　）。

→ _____

3）在日本吃（　　　　　）涮羊肉吗?

→ _____

第 15 课　把 包好 的 饺子 拿过来 吧。

Dì　shíwǔ　kè　　Bǎ　bāohǎo　de　jiǎozi　náguolai　ba.

王母：　菜 都 做好 了，把 包好 的 饺子 拿过来 吧。
Wáng mǔ：　Cài　dōu　zuòhǎo　le，　bǎ　bāohǎo　de　jiǎozi　náguolai　ba.

高桥：　哎呀。这 两 个 饺子 被 我 弄破 了。
　　　　Āiya.　Zhèi　liǎng　ge　jiǎozi　bèi　wǒ　nòngpò　le.

王母：　没 关系。把 破 的 饺子 给 我。
　　　　Méi　guānxi.　Bǎ　pò　de　jiǎozi　gěi　wǒ.

李：　　田中，后面 桌子上 有 一 瓶 醋，
　　　　Tiánzhōng，hòumian zhuōzishang yǒu　yì　píng　cù,

　　　　拿过来，好 吗?
　　　　náguolai,　hǎo　ma?

田中：　好 的。这 是 什么 醋?
　　　　Hǎo　de.　Zhè　shì　shénme　cù?

李：　　这 是 镇江 香醋，你 看，上面 写着 呢。
　　　　Zhè　shì　Zhènjiāng xiāngcù,　nǐ　kàn,　shàngmian xiězhe　ne.

（料理が全部そろって）

王：　　菜 都 齐 了，饺子 也 煮好 了。来，吃 饭 吧。
　　　　Cài　dōu　qí　le,　jiǎozi　yě　zhǔhǎo　le.　Lái,　chī　fàn　ba.

高桥：　哇，今天 的 菜 太 丰盛 了。
　　　　Wā,　jīntiān　de　cài　tài　fēngshèng　le.

新出語句

把 bǎ 前 ～を

哎呀 āiya 感 あれっ，おや：驚きを表す

被 bèi 前 ～に，～によって受け身を表す

弄破 nòngpò 動 破る

后面 hòumian 名 後ろ

上 shang 名 上，表面

瓶 píng 量 瓶，瓶に入っているものを数える

醋 cù 名 お酢

镇江香醋 Zhènjiāng xiāngcù 名 鎮江香醋；鎮
　　　　　　　　　　　　江名産の酢

上面 shàngmian 名 上，上のほう

着 zhe 助 ～ている，動作か結果の持続を表す

齐 qí 動 揃う

煮 zhǔ 動 煮る，ゆでる

哇 wā 感 感動したときなどに用いる

丰盛 fēngshèng 形 盛りだくさん

補充語句

窗户 chuānghu 名 窓	旁边 pángbiān 名 そば，隣
打开 dǎkāi 動 開ける	前面 qiánmiàn 名 前
告诉 gàosu 動 伝える，知らせる	加油站 jiāyóuzhàn 名 ガソリンスタンド
大家 dàjiā 代 みんな	少 shǎo 形 少ない
卖 mài 動 売る	把 bǎ 量 椅子などを数える
弄脏 nòngzāng 動 汚す	椅子 yǐzi 名 椅子
寒假 hánjià 名 冬休み	外面 wàimiàn 名 外
雨 yǔ 名 雨	刮风 guā fēng 風が吹く
淋 lín 動 (水などが)かかる	下雨 xià yǔ 雨が降る
湿 shī 形 濡れる	床 chuáng 名 ベッド
笔记本 bǐjìběn 名 ノート	躺 tǎng 動 横わたる，横になる
同学 tóngxué 名 同級生，同窓生	黑板 hēibǎn 名 黒板
弄坏 nònghuài 動 壊す	写 xiě 動 書く
鱼 yú 名 魚	放 fàng 動 置く
猫 māo 名 猫	墙 qiáng 名 壁
房间 fángjiān 名 部屋	贴 tiē 動 貼る
里 lǐ 名 中	手 shǒu 名 手

ポイント

1 "把"構文「A "把" B ＋動詞＋他の成分」

太热了，把窗户打开吧。　　　Tài rè le, bǎ chuānghu dǎkāi ba.

老师没把这件事告诉大家。　　Lǎoshī méi bǎ zhèi jiàn shì gàosu dàjiā.

> 練習　1) 彼は車を売ってしまった。
> 　　　2) 子供が服を汚してしまった。
> 　　　3) 彼女は冬休みの宿題を全部やり終わった。

2 受け身を表す前置詞 "被"「A "被" B ＋動詞＋他の成分」

衣服被雨淋湿了。　　　　　　Yīfu bèi yǔ línshī le.

我的笔记本被同学借走了。　　Wǒ de bǐjìběn bèi tóngxué jièzǒu le.

> 練習　1) 私の自転車は友達に貸した／(借りて) 行かれた。
> 　　　2) 携帯は子供に壊されてしまった。
> 　　　3) 昨日買った魚は猫に食べられてしまった。

3 方位詞

	上 shàng	下 xià	前 qián	后 hòu	里 lǐ	外 wài	左 zuǒ	右 yòu	东 dōng	南 nán	西 xī	北 běi	旁 páng	对 duì
边 biān	+	+	+	+	+	+	+	+	+	+	+	+	+	−
面 miàn	+	+	+	+	+	+	+	+	+	+	+	+	−	+
头 tou	+	+	+	+	+	+	−	−	−	−	−	−	−	−

房间里有人吗?　　　　　　　Fángjiānli yǒu rén ma?

邮局在银行旁边。　　　　　　Yóujú zài yínháng pángbiān.

前面有一个加油站。　　　　　Qiánmiàn yǒu yí ge jiāyóuzhàn.

4 存現文「(場所＋)動詞＋(数量詞)＋目的語」(存在・出現・消失を表す)

屋子里少了两把椅子。　　　　Wūzili shǎole liǎng bǎ yǐzi.

外面刮风了。　　　　　　　　Wàimiàn guā fēng le.

　　　練習　1)　家にお客さんが (1人) 来た。

　　　　　　2)　カバンの中に本が何冊かある。

　　　　　　3)　雨が降ってきた。家に帰ろう。

5 動作と結果の持続を表す"着"("着"は動作の描写に用いる。動作の進行"在"はp.66)

他在床上躺着呢。　　　　　　Tā zài chuángshang tǎngzhe ne.

黑板上写着很多字。　　　　　Hēibǎnshang xiězhe hěn duō zì.

　　　練習　1)　机の上に雑誌が (1冊) 置いてある。

　　　　　　2)　彼女は家であなたを待っているよ。

　　　　　　3)　壁に絵が 1 枚貼ってある。

"把" 構文と "被" 構文

　"把" 構文では動詞は裸のままでは用いない。他の成分 (最も代表的なのは, 完了を表したり, 結果を表したりするもの) を加える必要がある。また, 構文における B の部分は特定の (すでに話題に上っているか, もしくは知っている) ものでなければならない。否定の場合, "没" を "把" の前に置く。同じことは "被" 構文についてもいえる。

　"把" 構文：A "把" B ＋動詞＋他の成分

　"被" 構文：A "被" B ＋動詞＋他の成分

▼C10 **1)** 次の絵を見て，"着"を用いて質問に答えなさい。

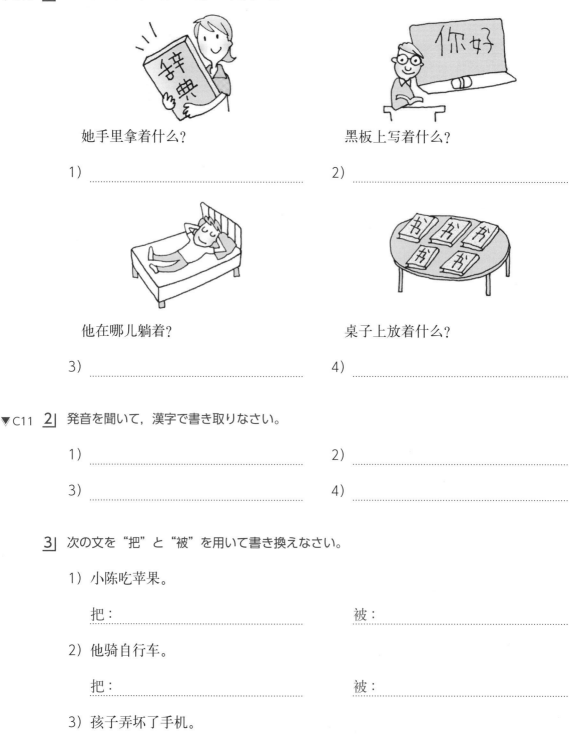

她手里拿着什么?

1) ....

黑板上写着什么?

2) ....

他在哪儿躺着?

3) ....

桌子上放着什么?

4) ....

▼C11 **2)** 発音を聞いて，漢字で書き取りなさい。

1) ....

2) ....

3) ....

4) ....

3) 次の文を"把"と"被"を用いて書き換えなさい。

1) 小陈吃苹果。

把: ....

被: ....

2) 他骑自行车。

把: ....

被: ....

3) 孩子弄坏了手机。

把: ....

被: ....

C12
13

高桥：　阿姨，您 菜 做得 真 好吃。
　　　　Āyí,　 nín　cài　zuòde　zhēn　hǎochī.

王母：　真 的 吗? 喜欢 吃 就 多 吃 点儿。别 客气。
　　　　Zhēn　de　ma?　Xǐhuan　chī　jiù　duō　chī　diǎnr.　Bié　kèqi.

高桥：　以后 有 机会 我们 再 来 吃 您 做 的 菜，欢迎 吗?
　　　　Yǐhòu　yǒu　jīhuì　wǒmen　zài　lái　chī　nín　zuò　de　cài,　huānyíng　ma?

王母：　欢迎。什么 时候 来 都 欢迎。
　　　　Huānyíng.　Shénme　shíhou　lái　dōu　huānyíng.

田中：　水饺儿 真 好吃。
　　　　Shuǐjiǎor　zhēn　hǎochī.

　　　　今天 我 第 一 次 吃 自己 包 的 水饺儿。
　　　　Jītiān　wǒ　dì　yī　cì　chī　zìjǐ　bāo　de　shuǐjiǎor.

王母：　你 在 日本 包 的 不 是 水饺儿 吗?
　　　　Nǐ　zài　Rìběn　bāo　de　bú　shì　shuǐjiǎor　ma?

田中：　不 是，是 锅贴儿。
　　　　Bú　shì,　shì　guōtiēr.

王母：　中国人 比较 喜欢 吃 水饺儿。
　　　　Zhōngguórén　bǐjiào　xǐhuan　chī　shuǐjiǎor.

C14 **新出語句**

阿姨 āyí 名 おばさん	再 zài 副 また，それから
就 jiù 副 〜なら，〜たら，条件を表す	欢迎 huānyíng 動 歓迎する
别 bié 副 〜するな，〜しないで	水饺儿 shuǐjiǎor 名 水ギョーザ
客气 kèqi 動 気をつかう，遠慮する	自己 zìjǐ 名 自分
以后 yǐhòu 名 今後	锅贴儿 guōtiēr 名 焼きギョーザ

81

補充語句

跑 pǎo 動 走る

流利 liúlì 形 流暢だ

日语 Rìyǔ 名 日本語

非常 fēicháng 副 非常に

收拾 shōushi 動 片付ける，始末する

干净 gānjìng 形 きれいだ

算了 suàn le よしとする，やめにする

打搅 dǎjiǎo 動 邪魔をする

说话 shuō huà 動 話す

生气 shēng qì 動 怒る

大声 dàshēng 名 大声

上课 shàng kè 動 授業をする，授業を受ける

洗澡 xǐ zǎo 動 入浴する，お風呂に入る

到 dào 名 着く

宾馆 bīnguǎn 名 ホテル

生病 shēng bìng 動 病気になる

唱歌儿 chàng gēr 歌を歌う

ポイント

1 様態補語　動作の様子や状態を表すのに用いられる。

肯定「動詞 +"得"+ 形容詞」	否定「動詞 +"得不"+ 形容詞」
跑得快 pǎodekuài 说得流利 shuōdeliúlì	跑得不快 pǎode bú kuài 说得不流利 shuōde bù liúlì

小王(说)日语说得非常好。　Xiǎo-Wáng (shuō) Rìyǔ shuōde fēicháng hǎo.

她把房间收拾得干干净净。　Tā bǎ fángjiān shōushide gāngānjìngjìng.

这个菜做得不错。　Zhèi ge cài zuòde búcuò.

練習　1）彼は中華料理を作るのがうまい。

　　　2）彼女はピアノを弾くのがすごく上手だ。

　　　3）私は中国語を話すのはあまり上手ではない。

2 "就"（～なら，仮定を表す）

他想去就让他去吧。　Tā xiǎng qù jiù ràng tā qù ba.

没有时间就算了。　Méiyǒu shíjiān jiù suàn le.

你喜欢就拿去吧。　Nǐ xǐhuan jiù náqu ba.

練習　1）明日だめなら，あさって行こう。

　　　2）疲れたなら，少し休憩してください。

　　　3）彼が寝たいのなら，寝かせてあげてください。

82

C18 **3** 禁止を表す副詞 "别"（～するな，～しないでください）

开车的时候别打电话。	Kāi chē de shíhou bié dǎ diànhuà .
他在学习呢，别去打搅他。	Tā zài xuéxí ne, bié qù dǎjiǎo tā.
别在这儿说话。	Bié zài zhèr shuō huà.

練習 1）怒らないでください。

2）大声で話さないでください（話すな）。

3）授業中に寝ないでください（寝るな）。

C19 **4** "再"（また，それから，～してから，一般に未然の表現に用いる）

吃了饭再洗澡。	Chīle fàn zài xǐ zǎo.
明天再去，好吗?	Míngtiān zài qù, hǎo ma?

練習 1）来週の水曜日に（また）行く。

2）ご飯を食べてから学校に行く。

3）ホテルに着いてから電話をする。

C20 **5** 疑問詞＋"都"（全肯定か全否定に用いる）

他什么都吃。	Tā shénme dōu chī.
生病的时候，什么都不想吃。	Shēng bìng de shíhou, shénme dōu bù xiǎng chī.
我昨天哪儿都没去。	Wǒ zuótiān nǎr dōu méi qù.

練習 1）昨日誰も来なかった。

2）何を食べても大丈夫だ。

3）私はどこにも行きたくない。

1 次の絵を見て，様態補語を用いて文を完成させなさい。

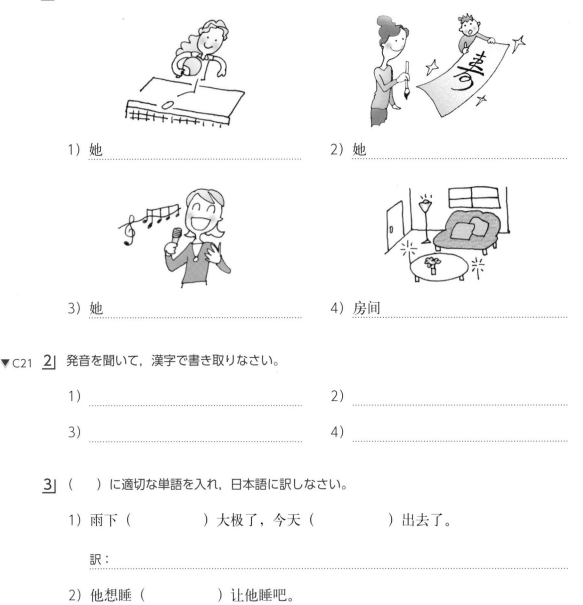

1）她 _____

2）她 _____

3）她 _____

4）房间 _____

▼C21 **2** 発音を聞いて，漢字で書き取りなさい。

1) ....

2) ....

3) ....

4) ....

3 （　）に適切な単語を入れ，日本語に訳しなさい。

1）雨下（　　　　　　）大极了，今天（　　　　　　）出去了。

訳：...

2）他想睡（　　　　　　）让他睡吧。

訳：...

3）他昨天（　　　　　　）都没去。

訳：...

1. 人称代名詞

我 wǒ　　　我们 wǒmen　　咱们 zánmen　　你 nǐ　　　您 nín　　　你们 nǐmen

他 tā　　　她 tā　　　它 tā　　　大家 dàjiā

2. 疑問代詞

谁 shéi　　哪 nǎ　　　哪儿 nǎr　　怎么 zěnme　　怎么样 zěnmeyàng　多少 duōshao

3. 指示詞

这 zhè　　那 nà　　这儿 zhèr　　那儿 nàr

4. 数詞

一 yī　二 èr　三 sān　四 sì　五 wǔ　六 liù　七 qī　八 bā　九 jiǔ　十 shí

一百 yìbǎi　　一千 yìqiān　　一万 yíwàn　　一亿 yíyì

5. 曜日の言い方

星期一 xīngqī yī　星期二 xīngqī èr　星期三 xīngqī sān　星期四 xīngqī sì　星期五 xīngqī wǔ

星期六 xīngqī liù　星期天（日）xīngqītiān(rì)　星期几 xīngqī jǐ

6. 時刻の言い方

一点 yì diǎn　两点 liǎng diǎn　四点一刻 sì diǎn yí kè　九点半 jiǔ diǎn bàn

六点三刻 liù diǎn sān kè　差七分八点 chà qī fēn bā diǎn　十点零三分 shí diǎn líng sān fēn

几点 jǐ diǎn

7. 名詞

汉语 Hànyǔ　英语 Yīngyǔ　红茶 hóngchá　咖啡 kāfēi　杂志 zázhì　词典 cídiǎn

饺子 jiǎozi　音乐 yīnyuè　电视 diànshì　自行车 zìxíngchē　中国 Zhōngguó …

8. 動詞

看 kàn　说 shuō　听 tīng　吃 chī　喝 hē　学 xué　写 xiě　来 lái　去 qù

买 mǎi　做 zuò　借 jiè　练习 liànxí　玩儿 wánr …

離合動詞：熬夜 áo yè　出差 chū chāi　开车 kāi chē　留学 liú xué　起床 qǐ chuáng

散步 sàn bù　上班 shàng bān　上课 shàng kè　生病 shēng bìng　生气 shēng qì

睡觉 shuì jiào　说话 shuō huà　洗澡 xǐ zǎo　游泳 yóu yǒng　照相 zhào xiàng …

9. 形容詞

远 yuǎn　近 jìn　难 nán　大 dà　小 xiǎo　累 lèi　忙 máng　好 hǎo　快 kuài

早 zǎo　重 zhòng　多 duō　甜 tián　聪明 cōngming　可爱 kě'ài …

10. 量詞（助数詞）

本 běn　个 ge　张 zhāng　件 jiàn　枝 zhī　只 zhī　条 tiáo　块 kuài　把 bǎ …

11. 副詞

不 bù　也 yě　很 hěn　最 zuì　真 zhēn　都 dōu　多 duō　再 zài　没 méi

别 bié　在 zài　只 zhǐ　就 jiù　正 zhèng　还 hái　非常 fēicháng　比较 bǐjiào

有点儿 yǒudiǎnr　一起 yìqǐ　当然 dāngrán　慢慢儿 mànmānr　好好儿 hǎohāor

一定 yídìng　特别 tèbié

12. 接続詞

和 hé   还是 háishi   而且 érqiě   跟 gēn

13. 助詞

吗 ma   呢 ne   啊 a   过 guo   了 le   吧 ba   哇 wa   的 de   地 de   得 de   着 zhe

14. 方位詞

	上 shàng	下 xià	前 qián	后 hòu	里 lǐ	外 wài	左 zuǒ	右 yòu	东 dōng	南 nán	西 xī	北 běi	旁 páng	对 duì
边 biān	+	+	+	+	+	+	+	+	+	+	+	+	+	−
面 miàn	+	+	+	+	+	+	+	+	+	+	+	+	−	+
头 tou	+	+	+	+	+	+	−	−	−	−	−	−	−	−

15. 前置詞

在 zài   离 lí   比 bǐ   从 cóng   给 gěi   把 bǎ   被 bèi

16. 助動詞

能 néng   可以 kěyǐ   会 huì   想 xiǎng   要 yào

17. 名詞述語文

现在八点。   Xiànzài bā diǎn.

今天星期二。   Jīntiān xīngqī èr.

他不是十八岁。   Tā bú shì shíbā suì.

18. 動詞述語文

"是"

她是大学生。   Tā shì dàxuéshēng.

我不是中国人。   Wǒ bú shì Zhōngguórén.

"有"

我有一个妹妹。   Wǒ yǒu yí ge mèimei.

她没有手机。   Tā méiyǒu shǒujī.

车站附近有一家超市。   Chēzhàn fùjìn yǒu yì jiā chāoshì.

"在"

她在家。   Tā zài jiā.

我家在北京。   Wǒ jiā zài Běijīng.

我们大学不在东京。   Wǒmen dàxué bú zài Dōngjīng.

動詞

我吃饺子。   Wǒ chī jiǎozi.

她不看电视。   Tā bú kàn diànshì.

王老师去学校。   Wáng lǎoshī qù xuéxiào.

19. 形容詞述語文

中国很大。   Zhōngguó hěn dà.

英语难，汉语不难。   Yīngyǔ nán, Hànyǔ bù nán.

20. 疑問文

"吗" 疑問文

你去吗？	Nǐ qù ma?
她是老师吗？	Tā shì lǎoshī ma?

反復疑問文

今天是不是星期一？	Jīntiān shì bu shì xīngqī yī?
这件衣服贵不贵？	Zhèi jiàn yīfu guì bu guì?
他来不来？	Tā lái bu lái?
你吃不吃苹果？	Nǐ chī bu chī píngguǒ?

選択疑問文

你喝茶还是(喝)咖啡？	Nǐ hē chá háishi (hē) kāfēi?
今天去还是明天去？	Jīntiān qù háishi míngtiān qù?

疑問詞疑問文

谁是留学生？	Shéi shì liúxuéshēng?
你吃什么？	Nǐ chī shénme?
他去哪儿？	Tā qù nǎr?
你几点吃早饭？	Nǐ jǐ diǎn chī zǎofàn?
你什么时候去？	Nǐ shénme shíhòu qù?
你怎么来学校？	Nǐ zěnme lái xuéxiào?
你觉得这个菜怎么样？	Nǐ juéde zhèi ge cài zěnmeyàng?

21. 連動文

我去图书馆借书。	Wǒ qù túshūguǎn jiè shū?
他骑自行车去超市买东西。	Tā qí zìxíngchē qù chāoshì mǎi dōngxi.
我有时间学习汉语。	Wǒ yǒu shíjiān xuéxí Hànyǔ.
他没有钱买电脑。	Tā méiyǒu qián mǎi diànnǎo.

22. 主述述語文

东京夏天很热。	Dōngjīng xiàtiān hěn rè.
妈妈身体很好。	Māma shēntǐ hěn hǎo.

23. 使役文（兼語文）

老师让学生回答问题。	Lǎoshī ràng xuésheng huídá wèntí.
爸爸不让我开车。	Bàba bú ràng wǒ kāi chē.

24. "是～的" 構文

他不是八点去的。	Tā bú shì bā diǎn qù de.
我是在中国学的汉语。	Wǒ shì zài Zhōngguó xué de Hànyǔ.
他是跟小王一起买的。	Tā shì gēn Xiǎo-Wáng yìqǐ mǎi de.
她是坐公交车来的。	Tā shì zuò gōngjiāochē lái de.

25. 方向補語

単純方向補語

来 lái　　去 qù　　上 shàng　　下 xià　　进 jìn　　出 chū　　回 huí　　过 guò　　起 qǐ

複合方向補語

上来 shànglai　下来 xiàlai　进来 jìnlai　出来 chūlai　回来 huílai　过来 guòlai　起来 qǐlai

上去 shàngqu　下去 xiàqu　进去 jìnqu　出去 chūqu　回去 huíqu　过去 guòqu

26. 結果補語

（肯定形）	（否定形）
买到了 mǎidào le	没买到 méi mǎidào
听懂了 tīngdǒng le	没听懂 méi tīngdǒng
吃完了 chīwán le	没吃完 méi chīwán
做好了 zuòhǎo le	没做好 méi zuòhǎo

27. 可能補語

（肯定形）	（否定形）
听得见 tīngdejiàn	听不见 tīngbujiàn
吃得下 chīdexià	吃不下 chībuxià
做得好 zuòdehǎo	做不好 zuòbuhǎo
穿得了 chuāndeliǎo	穿不了 chuānbuliǎo

28. 様態補語

（肯定形）	（否定形）
跑得快 pǎodekuài	跑得不快 pǎode bú kuài
说得流利 shuōdeliúlì	说得不流利 shuōde bù liúlì

29. "把" 構文

她把我的词典借走了。　　Tā bǎ wǒ de cídiǎn jièzǒu le.

我没把这件事告诉他。　　Wǒ méi bǎ zhèi jiàn shì gàosu tā.

30. "被" 構文

他买的包子都被弟弟吃了。　　Tā mǎi de bāozi dōu bèi dìdi chī le.

31. 存現文

教室里有三个人。　　Jiàoshìli yǒu sān ge rén.

家里来了一个人。　　Jiāli láile yí ge rén.

外面下雨了。　　Wàimiàn xià yǔ le.

32. その他

動詞 + "一下"

你在这儿等一下。　　Nǐ zài zhèr děng yíxià.

動詞 / 形容詞 + "(一)点儿"

我想喝点儿茶。　　Wǒ xiǎng hē diǎnr chá.

動詞の重ね型

我去看看。　　Wǒ qù kànkan.

形容詞の重ね型

好好儿学习。 Hǎohāor xuéxí.

時点と時間の幅

明年去中国留学。 Míngnián qù Zhōngguó liú xué.

我看了一个小时电视。 Wǒ kànle yí ge xiǎoshí diànshì.

"太～了"

这本书太有意思了。 Zhèi běn shū tài yǒu yìsi le.

形容詞 ＋ "极了"

中国菜好吃极了。 Zhōngguócài hǎochī jíle.

D

dà	形	大	5
dǎ diànhuà		打电话	7
dài	動	带	11
dàjiā	代	大家	15
dǎjiǎo	動	打搅	16
dǎkāi	動	打开	15
dàngāo	名	蛋糕	10
dāngrán	副	当然	11
dào	動	到	16
dàshēng	名	大声	16
dàxué	名	大学	5
de	助	地	14
de	助	的	1
de	助	得	14
děng	動	等	10
diǎn	量	点	4
diǎn	動	点	10
diànnǎo	名	电脑	6
diànshì	名	电视	2
diànyǐng	名	电影	2
dìdi	名	弟弟	6
dìngzuò	動	定做	8
dìtiě	名	地铁	7
dìtú	名	地图	1
dǒng	動	懂	13
dōngtiān	名	冬天	6
dōngxi	名	东西	7
dōu	副	都	6
dòujiāng	名	豆浆	2
dú	動	读	7
duànliàn	動	锻炼	11
duì	形	对	7
duō	副	多	8
duō	形	多	9
duō	数量	多	9
duōshao	代	多少	9

dùzi	名	肚子	14

E

è	動	饿	14
érqiě	接	而且	10
érzi	名	儿子	12

F

fā	動	发	13
Fǎguó	名	法国	8
fàn	名	饭	4
fàng	動	放	15
fángjiān	名	房间	15
fāyīn	名	发音	3
Fǎyǔ	名	法语	3
fēicháng	副	非常	16
fēijī	名	飞机	3
fēn	量	分	4
fēn	名	分	9
fēngfù	形	丰富	3
fēngjǐng	名	风景	13
fēngshèng	形	丰盛	15
fùjìn	名	附近	5
Fùshìshān	名	富士山	8
fúzhuāngdiàn	名	服装店	9

G

gǎn	動	擀	14
gāngcái	名	刚才	13
gāngqín	名	钢琴	9
gānjìng	形	干净	16
gǎnmào	動	感冒	14
gāo	形	高	8
gàosu	動	告诉	15
gāoxìng	形	高兴	10
ge	量	个	6
gěi	前	给	13
gěi	動	给	13

gēn	接	跟	11	huānyíng	動	欢迎	16
gōngzuò	動	工作	6	huí	動	回	7
gōngjiāochē	名	公交车	7	huì	助動	会	14
gōngsī	名	公司	5	huídá	動	回答	12
gōngyuán	名	公园	6	huíqu	動	回去	11
guā fēng		刮风	15	huí xìn	動	回信	13
guì	形	贵	3				

J

guò	動	过	14	jǐ	数量	几	4
guo	助	过	8	jì	動	寄	11
guòjiǎng	動	过奖	13	jiā	名	家	5
guōtiēr	名	锅贴儿	16	jiā	量	家	9
				jiàn	量	件	9

H

hái	副	还	13	jiǎo	名	角	9
hái kěyǐ		还可以	14	jiǎozi	名	饺子	2
háishi	接	还是	8	jiāyóuzhàn	名	加油站	15
háizi	名	孩子	6	jīchǎng	名	机场	10
hánjià	名	寒假	15	jiè	動	借	7
Hànyǔ	名	汉语	2	jiějie	名	姐姐	6
hǎo	形	好	3	jīhuì	名	机会	11
hào	量	号	4·7	jíle		极了	13
hǎochī	形	好吃	3	jìn	形	近	5g
hǎohāor	副	好好儿	14	jīngcháng	副	经常	11
hǎohē	形	好喝	3	jīnnián	名	今年	4
hǎokàn	形	好看	11	jìnr	名	劲儿	14
hē	動	喝	2	jīntiān	名	今天	4
hé	接	和	3	jiù	副	就	12·16
hēibǎn	名	黑板	15	juéde	動	觉得	10
hěn	副	很	3	júzi	名	橘子	8
hóng	形	红	10				

K

hóngchá	名	红茶	1				
hòumiàn	名	后面	15	kǎbùqínuò	名	卡布奇诺	10
hòunián	名	后年	4	kāfēi	名	咖啡	2
hòutiān	名	后天	4	kāfēitīng	名	咖啡厅	10
huā	動	花	7	kāi chē	動	开车	7
huà	動	画	12	kāishǐ	動	开始	11
huài	動	坏	12	kàn	動	看	2
huàr	名	画儿	12	kè	量	刻	4

kě'ài	形	可爱	*3*	mǎi dōngxi		买东西	*7*
kèqi	動	客气	**16**	mài	動	卖	*15*
kèren	名	客人	*12*	mǎlù	名	马路	*14*
kěyǐ	助動	可以	**7**	māma	名	妈妈	**6**
kòngr	名	空儿	**7**	màn	形	慢	*12*
kǒu	量	口	**6**	máng	形	忙	*3*
kuài	形	快	*3*	mànhuàr	名	漫画儿	*1*
kuài	量	块	**9·9**	mànmānr	副	慢慢儿	*14*
kùn	形	困	**10**	māo	名	猫	*15*
				máo	名	毛	*9*

L

là	形	辣	*13*	máoyī	名	毛衣	*10*
lái	動	来	*2*	màozi	名	帽子	*1*
lāmiàn	名	拉面	*1*	méi	副	没	**8**
lǎoshī	名	老师	*1*	méi guānxi		没关系	**14**
le	助	了	**9·10**	Měiguó	名	美国	**8**
lèi	形	累	*3*	měitiān	名	每天	**8**
lěng	形	冷	**6**	méi wèntí		没问题	**8**
lí	前	离	**5**	méiyǒu	動	没有	**6**
li	名	里	*15*	miànbāo	名	面包	*3*
liǎng	数	两	*4*	míngbai	動	明白	**14**
liángkuai	形	凉快	*10*	míngnián	名	明年	*4*
liànxí	動	练习	*7*	míngtiān	名	明天	*4*
lín	動	淋	*15*	mǔqīn	名	母亲	*13*
líng	数	零	*4*				

N

lìng	代	另	**10**	ná	動	拿	**11**
liú	動	留	*13*	nǎ	代	哪	*1*
liúlì	形	流利	*16*	nà	代	那	**1**
liú xué	動	留学	*10*	nà	接	那	**7**
lǐwù	名	礼物	*13*	nǎinai	名	奶奶	**6**
lóu	量	楼	*11*	nán	形	难	*3*
lùchá	名	绿茶	*1*	nǎr	代	哪儿	**5**
lǚxíng	動	旅行	*8*	nàr	代	那儿	**5**
lǚyóu	動	旅游	*8*	nátiě	名	拿铁	**10**
				ne	助	呢	**3·12**

M

				néng	助動	能	**7**
ma	助	吗	*2*	nǐ	代	你	*2*
mǎi	動	买	*2*	nián	名	年	*4*

nǐmen	代	你们	*2*
nín	代	您	*2*
niúnǎi	名	牛奶	**2**
nònghuài		弄坏	*15*
nòngpò		弄破	*15*
nòngzāng		弄脏	*15*

P

pángbiān	名	旁边	*15*
pǎo	動	跑	*16*
pēngtiáo	動	烹调	*12*
péngyou	名	朋友	*6*
piányi	形	便宜	**3**
piào	名	票	*6*
piàoliang	形	漂亮	**9**
píng	量	瓶	*15*
píngguǒ	名	苹果	*2*
pīngpāngqiú	名	乒乓球	*14*
pír	名	皮儿	*14*

Q

qí	動	齐	*15*
qí	動	骑	*3*
qiān	数	千	*4*
qiānbǐ	名	铅笔	*9*
qián	名	钱	*9*
qiánbāo	名	钱包	*14*
qiáng	名	墙	*15*
Qiánmén	名	前门	*5*
qiánmiàn	名	前面	*15*
qiánnián	名	前年	*4*
qiántiān	名	前天	*4*
qǐ chuáng	動	起床	*12*
qípáo	名	旗袍	**8**
qù	動	去	*2*
quánjiāfú	名	全家福	**6**
qùnián	名	去年	*4*

R

ràng	動	让	*12*
rè	形	热	*6*
rén	名	人	*6*
rènao	形	热闹	*9*
rì	名	日	*4*
Rìběn	名	日本	*1*
rìběncài	名	日本菜	*8*
Rìyǔ	名	日语	*16*
Rì-Zhōng cídiǎn	名	日中词典	*1*
ròubāozi	名	肉包子	*2*

S

sàn bù	動	散步	*8*
shàng	名	上	*8*
shang	名	上	*15*
shàng bān	動	上班	*12*
Shànghǎi	名	上海	*5*
shàng kè	動	上课	*16*
shāngliang	動	商量	*10*
shàngmian	名	上面	*15*
shǎo	形	少	*15*
shāobing	名	烧饼	*1*
shéi	代	谁	**2**
shēntǐ	名	身体	*6*
shēng bìng	動	生病	*16*
shēng qì	動	生气	*16*
shēngrì	名	生日	*4*
shēngyīn	名	声音	*14*
shénme	代	什么	*1*
shī	形	湿	*15*
shì	動	试	*14*
shì	動	是	*1*
shíhou	名	时候	*14*
shíjiān	名	时间	*7*
shítáng	名	食堂	*5*
shǒu	名	手	*15*

shǒubiǎo	名	手表	9
shōudào	動	收到	13
shōushi	動	收拾	16
shǒujī	名	手机	1
shū	名	书	2
shuàn yángròu		涮羊肉	14
shūbāo	名	书包	6
shūcài	名	蔬菜	12
shuì	動	睡	8
shuǐguǒ	名	水果	11
shuì jiào	動	睡觉	12
shuǐjiǎor	名	水饺儿	16
shuō	動	说	7
shuō huà	動	说话	16
sòng	動	送	13
suān	形	酸	10
suàn le		算了	16
suì	量	岁	4
sùshè	名	宿舍	5

T

tā	代	它	2
tā	代	她	2
tài~le		太~了	13
tāmen	代	他（她、它）们	2
tán	動	弹	9
tǎng	動	躺	15
tàng	量	趟	9
tèbié	副	特别	11
tiān	名	天	8
tián	形	甜	3
tiáo	量	条	11
tiē	動	贴	15
tīng	動	听	2
tīngshuō	動	听说	12
tóngxué	名	同学	15
tuīlǐ	動	推理	11
túshūguǎn	名	图书馆	5

W

wā	感	哇	15
wa	助	哇	11
wàimiàn	名	外面	15
wàiyī	名	外衣	11
wàn	数	万	4
Wángfǔjǐng	名	王府井	5
wánr	動	玩儿	7
wǎnshang	名	晚上	4
wéi	感	喂	13
wèidao	名	味道	13
wēixìn	名	微信	13
wèn	動	问	7
wèntí	名	问题	12
wǒ	代	我	2
wǒmen	代	我们	2
wǔfàn	名	午饭	9
wūlóngchá	名	乌龙茶	1

X

xǐ	動	洗	13
xià	名	下	8
xián	形	咸	10
~xiàn	名	~线	7
xiànchéng	形	现成	8
xiāng	名	箱	11
xiǎng	助動	想	8
xiànr	名	馅儿	1
xiànzài	名	现在	4
xiǎo-	接头	小	3
xiǎo	形	小	10
xiǎolù	名	小路	11
xiǎoshí	名	小时	8
xiǎoshuō	名	小说	11
xiǎoxīn	動	小心	14
xiǎoxué	名	小学	6
xiàtiān	名	夏天	6

xià yǔ		下雨	*15*	yǒudiǎnr	副	有点儿	*10*
xiē	量	些	*9*	yóujú	名	邮局	*5*
xiě	动	写	*15*	yóutiáo	名	油条	*2*
xièxie	动	谢谢	*2*	yóuxì	名	游戏	*8*
xǐhuan	动	喜欢	*2*	yǒu yìsi		有意思	*3*
xīn	形	新	*1*	yóu yǒng	动	游泳	*7*
xíngli	名	行李	*3*	yú	名	鱼	*15*
xīngqī	名	星期	*4*	yǔ	名	雨	*15*
xióngmāo	名	熊猫	*3*	yuán	名	元	*9*
xiūxi	动	休息	*7*	yuǎn	形	远	*3*
xǐ zǎo	动	洗澡	*16*	yuánzhūbǐ	名	圆珠笔	*1*
xué	动	学	*2*	yuè	名	月	*4*
xuéxí	动	学习	*6*				
xuéxiào	名	学校	*2*		**Z**		
	Y			zài	副	再	*16*
				zài	动	在	*5*
yǎnjing	名	眼睛	*10*	zài	前	在	*9*
yào	名	药	*12*	zài	副	在	*12*
yào	动	要	*8·10*	zánmen	代	咱们	*4*
yào	助动	要	*14*	zǎo	形	早	*12*
yě	副	也	*2*	zǎodiǎn	名	早点	*3*
yì	数	亿	*4*	zázhì	名	杂志	*1*
yìdiǎnr	数量	一点儿	*12*	zěnme	代	怎么	*7*
yídìng	副	一定	*9*	zěnmeyàng	代	怎么样	*7*
yīfu	名	衣服	*9*	zhāng	量	张	*6*
yǐhòu	名	以后	*16*	zhǎo	动	找	*12*
Yīngguó	名	英国	*11*	zhǎodào	动	找到	*13*
Yīngyǔ	名	英语	*3*	zhàopiàn	名	照片	*6*
yínháng	名	银行	*5*	zhào xiàng	动	照相	*7*
yìqǐ	副	一起	*4*	zhè	代	这	*1*
yǐqián	名	以前	*12*	zhe	助	着	*15*
yīshēng	名	医生	*3*	zhēn	副	真	*3*
yíxià	数量	一下	*10*	zhēn de		真的	*4*
yīyuàn	名	医院	*6*	zhèng	副	正	*13*
yīnyuè	名	音乐	*2*	Zhènjiāng xiāngcù	名	镇江香醋	*15*
yǐzi	名	椅子	*15*	zhèr	代	这儿	*5*
yòng	动	用	*7*	zhī	量	枝	*6*
yǒu	动	有	*6*	zhǐ	副	只	*12*

zhīdao/zhīdào	名	知道	7	zìjǐ	名	自己	16
zhíyuán	名	职员	6	zìxíngchē	名	自行车	*3*
zhòng	形	重	*8*	zǒu	動	走	*11*
Zhōngguó	名	中国	*1*	zuì	副	最	3
zhōngguócài	名	中国菜	*8*	zuò	動	坐	7
Zhōng-Rì cídiǎn	名	中日词典	*1*	zuò	動	做	*7*
zhōngtóu	名	钟头	*8*	zuótiān	名	昨天	*4*
zhǔ	動	煮	15	zuòyè	名	作业	*13*
zhǔnbèi	動	准备	*13*	zuǒyòu	名	左右	8
zhūròu	名	猪肉	1	zúqiú	名	足球	*12*
zì	名	字	*7*				

学部　　　　　　学年　　　クラス　　　　学籍番号　　　　　氏名

▼C22

1 発音を聞いて，ピンインで書き取りなさい。

1) ....

2) ....

3) ....

4) ....

5) ....

2 次の語句の意味を中国語（簡体字）で書きなさい。

1) リンゴ　　　（　　　　　　　　　）

2) 水曜日　　　（　　　　　　　　　）

3) 荷物　　　　（　　　　　　　　　）

4) ギョーザ　　（　　　　　　　　　）

5) 携帯電話　　（　　　　　　　　　）

3 （　　）に適切な語句を入れなさい。

1) 汉语（　　　　）发音难（　　　　）难?

2) 你喜欢看电影（　　　　）?

3) 他学法语，我（　　　　）学法语。

4) 我吃面包，你（　　　　）?

5) 她（　　　　）（　　　　）十八岁。

4 正しい語順に並べ替えなさい。

1) 三 今天 四 是 月 号 不   ⇨ ....

2) 好喝 不 豆浆 好喝   ⇨ ....

3) 他 呢 医生 你 是   ⇨ ....

4) 谁 是 自行车 的 那   ⇨ ....

5) 远 吗 也 车站 很   ⇨ ....

5 次の日本語を中国語に訳しなさい。

1) 私はギョーザを食べるのが一番好きだ。

....

2) それは何のお茶ですか。

....

3) これはボールペンですか（反復疑問文）

....

4) 私は肉まんを食べますが，あなたは？

....

5) 英語も難しくない。

....

学部　　　　　　学年　　　クラス　　　学籍番号　　　　　氏名

▼ C23

1 発音を聞いて，ピンインで書き取りなさい。

1) ....

2) ....

3) ....

4) ....

5) ....

2 次の語句の意味を中国語（簡体字）で書きなさい。

1) 写真を撮る　　　　（　　　　　　　　）

2) トイレ　　　　　　（　　　　　　　　）

3) 買い物をする　　　（　　　　　　　　）

4) バス　　　　　　　（　　　　　　　　）

5) チャイナドレス　　（　　　　　　　　）

3 （　　）に適切な語句を入れなさい。

1) 我（　　　　）坐公交车去。

2) 你去（　　　　）法国吗?

3) 她家（　　　　）超市很远。

4) 我（　　　　）一个弟弟。

5) 明天我不（　　　　）去学校。

4 正しい語順に並べ替えなさい。

1）忙 我 很 工作 爸爸　　　⇨ ....

2）本 看看 我 书 可以 这 吗　⇨ ....

3）一 她 汉语 每天 个 学 小时　⇨ ....

4）地铁 去 你 还是 去 开车 坐　⇨ ....

5）下 旅游 妈妈 星期 中国 个 去　⇨ ....

5 次の日本語を中国語に訳しなさい。

1）今日あなたは買い物に行きますか。

....

2）あなたは飛行機に乗ったことがありますか。

....

3）留学生も試合に参加することができますか。

....

4）あなたは何曜日に行きたいですか。

....

5）富士山はどのぐらい高いですか。

....

学部 　　　　学年 　　　クラス 　　　学籍番号 　　　　氏名

▼C24

1 発音を聞いて，ピンインで書き取りなさい。

1) ....

2) ....

3) ....

4) ....

5) ....

2 次の語句の意味を中国語（簡体字）で書きなさい。

1) ピアノを弾く 　　　　　（ 　　　　　　　）

2) タクシー 　　　　　　　（ 　　　　　　　）

3) 絵を描く 　　　　　　　（ 　　　　　　　）

4) 体を鍛える 　　　　　　（ 　　　　　　　）

5) 賑やかだ 　　　　　　　（ 　　　　　　　）

3 （　　）に適切な語句を入れなさい。

1) 妈妈（ 　　　　）超市买（ 　　　　）了一件毛衣。

2) 今天（ 　　　　）昨天凉快。

3) 他（ 　　　　）玩儿游戏（ 　　　　）。

4) 妈妈（ 　　　　）我星期天去。

5) 他看了半个小时电视（ 　　　　）睡了。

4 正しい語順に並べ替えなさい。

1) 图书馆 她 工作 在 ⇨ ....

2) 谁 星期天 去 是 你 一起 的 跟 ⇨ ....

3) 玩儿 时间 我 游戏 没有 ⇨ ....

4) 了 昨天 拿铁 喝 杯 我 两 ⇨ ....

5) 留学 他 了 中国 去 ⇨ ....

5 次の日本語を中国語に訳しなさい。

1) 母は料理を作っている。

....

2) 中国語の発音は少し難しい。

....

3) 私はスーパーへ果物を少し買いに行く。

....

4) 彼は先生（のところ）から本を一冊借りてきた。

....

5) この料理は彼女が作ったのだ。

....

学部　　　　　　学年　　　クラス　　　学籍番号　　　　氏名

▼ C25

1　発音を聞いて，ピンインで書き取りなさい。

1) ....

2) ....

3) ....

4) ....

5) ....

2　次の語句の意味を中国語（簡体字）で書きなさい。

1) 宿題を残す　　　　（　　　　　　　　）

2) 力を入れる　　　　（　　　　　　　　）

3) 中国語を話す　　　（　　　　　　　　）

4) 邪魔をする　　　　（　　　　　　　　）

5) ちゃんと勉強する　（　　　　　　　　）

3　（　　）に適切な語句を入れなさい。

1) 哥哥（　　　　）我买了一个生日礼物。

2) 你（　　　　）说日语吗？

3) 他（　　　　）自行车卖了。

4) 昨天买（　　　　）杂志在椅子（　　　　）。

5) 她手里拿（　　　　）一本词典。

4 正しい語順に並べ替えなさい。

1) 去 高桥 要 英国 明年 留学　　⇨　..

2) 热 打开 太 把 吧 窗户 了　　⇨　..

3) 打 非常 他 得 好 乒乓球　　⇨　..

4) 走 自行车 被 了 借 朋友　　⇨　..

5) 都 昨天 没 什么 吃　　⇨　..

5 次の日本語を中国語に訳しなさい。

1) あなたは毎晩夕飯を食べ終わってから何をしますか。

....

2) 昨日買った雑誌はかばんの中にある。

....

3) この本はあまりにも難しいので，私は読んで分からない。

....

4) 友達が映画のチケットを2枚私に買ってきてくれた。

....

5) 風が吹いてきた。外の服を（中に）取り込もう。

....

楊 凱 栄（東京大学名誉教授・専修大学客員教授）

張 麗 群（日本大学文理学部教授）

● 表紙：細谷桃恵
● 挿絵：淺山友貴

初級テキスト

身につく中国語 [改訂新版]　　音声ダウンロード

2021 年 3 月 22 日　初版発行
2024 年 2 月 22 日　初版第 3 刷発行

著　者　楊凱栄・張麗群
発行者　佐藤和幸
発行所　白 帝 社
　　　　〒 171-0014　東京都豊島区池袋 2-65-1
　　　　電話　03-3986-3271　　FAX　03-3986-3272
　　　　http://www.hakuteisha.co.jp/

組版・印刷　倉敷印刷（株）　　　製本　（株）ティーケー出版印刷

韻母 声母	a	o	e	-i [ʅ] [ɿ]	er	ai	ei	ao	ou	an	en	ang	eng	ong	i	ia	ie	iao	iou -iu
										1（介音なし）									
b	ba	bo				bai	bei	bao		ban	ben	bang	beng		bi		bie	biao	
p	pa	po				pai	pei	pao	pou	pan	pen	pang	peng		pi		pie	piao	
m	ma	mo	me			mai	mei	mao	mou	man	men	mang	meng		mi		mie	miao	miu
f	fa	fo					fei		fou	fan	fen	fang	feng						
d	da		de			dai	dei	dao	dou	dan	den	dang	deng	dong	di	dia	die	diao	diu
t	ta		te			tai		tao	tou	tan		tang	teng	tong	ti		tie	tiao	
n	na		ne			nai	nei	nao	nou	nan	nen	nang	neng	nong	ni		nie	niao	niu
l	la	lo	le			lai	lei	lao	lou	lan		lang	leng	long	li	lia	lie	liao	liu
g	ga		ge			gai	gei	gao	gou	gan	gen	gang	geng	gong					
k	ka		ke			kai	kei	kao	kou	kan	ken	kang	keng	kong					
h	ha		he			hai	hei	hao	hou	han	hen	hang	heng	hong					
j															ji	jia	jie	jiao	jiu
q															qi	qia	qie	qiao	qiu
x															xi	xia	xie	xiao	xiu
zh	zha		zhe	zhi		zhai	zhei	zhao	zhou	zhan	zhen	zhang	zheng	zhong					
ch	cha		che	chi		chai		chao	chou	chan	chen	chang	cheng	chong					
sh	sha		she	shi		shai	shei	shao	shou	shan	shen	shang	sheng						
r			re	ri				rao	rou	ran	ren	rang	reng	rong					
z	za		ze	zi		zai	zei	zao	zou	zan	zen	zang	zeng	zong					
c	ca		ce	ci		cai		cao	cou	can	cen	cang	ceng	cong					
s	sa		se	si		sai		sao	sou	san	sen	sang	seng	song					
ゼロ	a	o	e		er	ai	ei	ao	ou	an	en	ang			yi	ya	ye	yao	yo

▼A84 **1]** 次の絵を見て，質問に答えなさい。

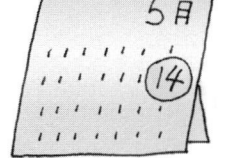

今天几号?

现在几点?

1) ....

2) ....

今天星期几?

现在十点吗?

3) ....

4) ....

▼A85 **2]** 発音を聞いて，ピンインで書き取りなさい。

1) ....

2) ....

3) ....

4) ....

3] 次のピンインを漢字に直し，さらに否定文にしなさい。

1) Tā shíbā suì.

漢字： ....

否定： ....

2) Jīntiān xīngqī tiān.

漢字： ....

否定： ....

3) Míngnián èr líng èr sān nián.

漢字： ....

否定： ....

補充語句

块 kuài 量 塊状のものなどを数える	衣服 yīfu 名 服
手表 shǒubiǎo 名 腕時計	午饭 wǔfàn 名 昼ごはん
杯 bēi 量 杯；コップなどで液体を数える	元 yuán 名 元，中国の貨幣単位
弹 tán 動 弾く	角 jiǎo 名 中国の貨幣単位"元"の1/10
钢琴 gāngqín 名 ピアノ	毛 máo 名 "角"の口語
热闹 rènao 形 にぎやかだ	分 fēn 名 中国の貨幣単位"角"の1/10
草莓 cǎoméi 名 イチゴ	铅笔 qiānbǐ 名 鉛筆

ポイント

▼ B37 **1** 完了の"了"

[動詞＋"了"＋数量詞＋名詞]

他买了一张地图。	Tā mǎile yì zhāng dìtú.
昨天我买了一块手表。	Zuótiān wǒ mǎile yí kuài shǒubiǎo.
他看了两个小时电视。	Tā kànle liǎng ge xiǎoshí diànshì.

練習 1）私はお茶を二杯飲んだ。

2）彼女はピアノを一時間弾いた。

3）高橋さんは本を五冊借りた。

▼ B38 **2** 語気助詞"吧"（推量）（提案・勧誘☞ p.75）

王府井很热闹吧。	Wángfǔjǐng hěn rènao ba.
他家离车站很远吧。	Tā jiā lí chēzhàn hěn yuǎn ba.
汉语不难吧。	Hànyǔ bù nán ba.

練習 1）この映画はとてもおもしろいでしょう。

2）このイチゴはとても甘いでしょう。

3）この服はとても（値段が）高いでしょう。

▼ B83 **1|** 次の絵を見て，"太〜了""〜极了"を用いて質問に答えなさい。

熊猫可爱吗?

1) ....

这件旗袍漂亮吗?

2) ....

这本杂志有意思吗?

3) ....

这个菜辣吗?

4) ....

▼ B84 **2|** 発音を聞いて，漢字で書き取りなさい。

1) ....　　2) ....

3) ....　　4) ....

3| 正しい語順にしなさい。

1) 了　我　他　昨天　打　电话　给

→ ....

2) 借　从　来　在　的　书　哪儿　图书馆

→ ....

3) 书　吗　看完　本　了　这

→ ....

語句索引

＊各課の新出語句をアルファベット順に配列した。
数字は課を示す。太い数字は［新出語句］，斜体の数字は
［補充語句］に挙げられていることをあらわす。

中国全图

乌鲁木齐
Wūlǔmùqí

新疆维吾尔自治区
Xīnjiāng Wéiwú'ěr Zìzhìqū

甘肃省
Gānsù Shěng

宁夏回族自治
Níngxià Huízú Z

银川
Yínc

青海省
Qīnghǎi Shěng

西宁
Xīníng

兰州
Lánz

西藏自治区
Xīzàng Zìzhìqū

四川省
Sìchuān Shěng

成都
Chér

拉萨
Lāsà

贵州
Guìzhōu

贵
Gu

云南省
Yúnnán Shěng

昆明
Kūnmíng